心理学・入門
改訂版
心理学はこんなに面白い

サトウタツヤ・渡邊芳之［著］

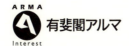

改訂にあたって

　この本の初版が出版されてから8年の歳月が過ぎました。この間たいへん多くの方に読んでいただくことができ，ついに14刷を重ねるまでになりました。このことは著者としてたいへん大きな喜びです。

　いっぽう，この8年間に心理学の世界には大きな変化がありました。STAP細胞事件で注目された研究不正やデータの再現性の問題が心理学にも暗い影を落としましたが，わが国では心理学の国家資格である「公認心理師」制度がスタートして心理学と社会との関係がより深まり，社会の側から心理学への期待や興味もますます高まっています。

　そこでこの改訂版では，これまで多くの方に読んでいただいた本の基本はそのまま維持しながら，公認心理師制度など心理学と社会との新しい関係に対応して内容の全体を細かく修正しました。それに加えて，新たに心理学の研究法についての章を置いて，心理学の研究の基礎にある考え方やデータの扱い，研究不正や再現性の問題についてくわしくふれました。

　こうした修正や新しい章が，本のなかで取り上げられるさまざまな心理学の知識と，それを生み出した研究をより深く理解するのに役立つことを期待しています。

　2019年8月

著　者

はじめに

　「心理学は，学ぶ前の学生には最も大きな期待を，学んだ学生には最も大きな失望を与える学問だ」と言った人がいます。みなさんも個人的に心理学に興味があったり，あるいは心理学の授業を履修したりするのをきっかけにこの本を手にとっているのでしょうから，心理学に興味や期待をもつ人がたくさんいることは確かでしょう。

　いっぽうで，大学の授業で心理学を履修した学生の多くは「期待と違う」「思ったより面白くない」という感想をもちます。その大きな理由は「学べると期待したことがなかなか出てこない」ことでしょう。一般の人が心理学に期待することは「カウンセリングなどの臨床心理学」「性格判断や心理テスト」「犯罪の心理学的捜査」などさまざまですが，そうした話題が「心理学の授業」で語られるのは授業も終わりに近づいてからで，授業が始まってからそれらにたどりつくまではずっと，期待したのとはまるで違う話題が続くのです。これでは失望するのはしかたありません。

　このことは心理学の誕生や発展の歴史と関係しています。心理学がいまのような学問として誕生したのは約130年前ですが，それ以来ずっと心理学者は「心理学を科学にする」ことを目指してきました。そのために心理学では「科学になりやすい分野」から先に研究が発展してきて，心理学の授業で最初に話されるのも「先に科学になった心理学」についてなのです。そのため，普通の人が心理学に期待するような「科学になりにくいテーマ」はどうしても後まわしになります。

　しかし心理学がそうしたテーマを研究していないわけではないし，

それらの「面白い心理学」には「面白くない心理学」の研究成果がさまざまなかたちで生かされています。そこでこのテキストでは、まず最初にみなさんが心理学に期待するような日常的なテーマについて心理学が何を

執筆風景（左：渡邊，右：サトウ）

どこまで明らかにしているかを考えてから，そうした研究の基盤になっている「心理学のコアの知識」へと進んでいく構成をとりました。そして，心理学はこれまでも変化してきたしこれからも姿を変えていくだろうと感じてもらうために，心理学の歴史と未来について他の心理学テキストよりもくわしく述べました。

このテキストのもう1つの特徴は，多くの教科書が各分野の専門家多数による共著というかたちをとっているのと違い，すべてを2人で書いていることです。私たちはすでに何冊も一緒に本を書いてきましたが，その経験を「心理学のテキスト」に生かして，細切れではなく「知識の流れ」として心理学の全体像を示すことができたなら，とても嬉しく思います。

2011年1月

著 者

著者紹介

サトウタツヤ（佐藤 達哉）

1962 年生まれ。

現在，立命館大学総合心理学部長・教授。博士（文学）。

著作：『日本における心理学の受容と展開』（北大路書房，2002 年），『「モード性格」論』（紀伊國屋書店，2005 年，共著），『IQ を問う』（ブレーン出版，2006 年），『TEM ではじめる質的研究』（誠信書房，2009 年，編著），『方法としての心理学史』（新曜社，2011 年），『学融とモード論の心理学』（新曜社，2012 年），『社会と向き合う心理学』（新曜社，2012 年，共編），『質的心理学の展望』（新曜社，2013 年），『心理学の名著 30』（筑摩書房，2015 年），*Making of the future: Trajectory equifinality approach in cultural psychology* (Information Age Publishing, 2016 年，共編)，『臨床心理学史』（東京大学出版会，2021 年），『心理検査マッピング』（新曜社，2022 年，共編），『文化心理学（改訂版）』（ちとせプレス，2023 年，共編）など。

執筆箇所：序章，第 1 章，第 4 章，第 8 章

渡邊 芳之（わたなべ よしゆき）

1962 年生まれ。

現在，帯広畜産大学人間科学研究部門教授／附属図書館長。博士（心理学）。

著作：『心理学方法論（朝倉心理学講座 1）』（朝倉書店，2007 年，編著），『性格とはなんだったのか』（新曜社，2010 年），『障害受容からの自由』（シービーアール，2015 年，分担執筆），『心の臨床を哲学する』（新曜社，2020 年，共著），『サブカルチャーの心理学』（福村出版，2020 年〔2023 年，第 2 巻〕，分担執筆），『障害理解のリフレクション』（ちとせプレス，2023 年，分担執筆）など。

執筆箇所：序章，第 2 章，第 3 章，第 5 章，第 6 章，第 7 章，第 9 章

目　次

| 序　章 | 心理学ってなんだ？ | I |

心理学の仕事とテーマ

1　心理学と仕事 ················· 2

●**心理学を勉強したら何になる？**

医療と心理学（2）　福祉と心理学（3）　教育と心理学
（4）　警察・司法と心理学（5）　産業と心理学（5）
心理学の専門家になる（6）　心理学のいろいろな研究
（8）

2　これも心理学，あれも心理学 ················· 8

●**心理学のいろいろなテーマ**

就職試験も心理学？（8）　フラれて泣くのも心理学？（9）
性格を変えたいのも心理学？（10）　彼氏を奪うのも心理
学？（11）　自分がわからないのも心理学？（12）　おじ
いちゃんの智慧も心理学？（12）　ミルクティーも心理
学？（13）　太陽の大きさが違うのも心理学？（14）　見
間違いも心理学？（15）　ネズミの行動も心理学？（15）
パヴロフのイヌも心理学？（17）　ホラー映画も心理学？
（18）

v

第Ⅰ部　身近に感じる心理学

第1章　心理に関する支援を行う　　21

臨床心理学

1　臨床心理学の範囲　……………………………………　22

公認心理師の範囲と臨床心理学（22）　クリニカル——臨床心理学の範囲（23）　臨床心理学的問題のあり方を考える（24）　臨床心理学の諸活動（26）　臨床心理学による介入の多様性（28）　心理検査の種類（30）　精神病——精神医学的見方と精神医学的診断基準（31）

2　精神分析，催眠，短期療法　…………………………　33

フロイトの考え方（33）　フロイト以降の精神分析（33）　催眠から短期療法へ（34）

3　行動療法，認知行動療法　……………………………　35

行動主義と行動療法（35）　認知行動療法（36）

4　カウンセリング，人間性心理学　……………………　39

ロジャーズとカウンセリング（39）　マズローと自己実現（40）

5　集団療法，家族療法，芸術療法　……………………　41

集団療法（41）　家族療法（42）　芸術療法（43）

6　子ども，学校，非行をめぐる臨床心理学　…………　43

子どもを対象とした臨床（43）　学校心理（43）　非行臨床（44）

7　予防や健康の増進とポジティブ心理学　……………　46

| 第2章 | 性格は変えられるか | 47 |

性格と個人差の心理学

1 性格とは何か ·· 48

性格と適応（48）　　性格，気質，パーソナリティ（49）

2 性格心理学の歴史 ·· 49

古代の性格学（50）　　近代の性格学（50）　　パーソナリティ心理学の誕生（50）

3 性格をとらえる枠組み ·· 51

類型論の考え方（51）　　代表的な類型論（52）　　類型論の特徴（53）　　特性論の考え方（53）　　ビッグファイブの特性論（54）

4 性格はどうつくられるか ····································· 57

遺伝と環境（57）　　性格への遺伝の影響（58）　　性格をつくる環境（59）　　精神力動と性格（60）

5 モード性格と性格変容 ·· 61

性格の一貫性と変化（61）　　性格が変わらないように見える理由（62）　　モード性格（63）　　モード性格と多重人格（63）　　性格変容（64）　　性格を変えるには（64）

第Ⅱ部　心理学で日常生活を読み解く

| 第3章 | 身近な人や社会との関係 | 69 |

社会的行動の心理学

1 社会的行動をつくり出すもの ······························· 70

遺伝と進化（70）　　経験と適応（70）

目　次　vii

2 他者の「心」がわかるしくみ ･････････････････ 71

他者の感情の理解（71）　他者の性格の理解（72）　行
動の原因や意図の理解（73）

3 コミュニケーション ･･････････････････････ 74

聞き上手になるテクニック（74）　話の始め方，続け方，
終わり方（75）　説得的コミュニケーション（76）

4 人を好きになるのはなぜ？ ･･････････････ 77

誰を好きになるのか（77）　どんなときに好きになるの
か（78）　どうして好きになるのか（79）　一目ぼれは
どうして起きる？（79）　対人魅力と恋愛（80）

5 人を助ける，人を傷つける ･･････････････ 80

援助するのはなぜ？（81）　援助しやすい人，援助されや
すい人（81）　援助しないのはなぜ？（82）　攻撃する
のはなぜ？（84）　攻撃と観察学習（84）　攻撃といじ
め（85）

6 集団が人間を変える ･･････････････････････ 86

集団圧力と同調（86）　リーダーとリーダーシップ（87）
服従の心理（87）

7 群 集 心 理 ･･････････････････････････････ 89

流言とデマ（89）　パニック（90）

第4章　**人が生まれてから死ぬまで**　91

発達心理学

1 発達のグランドセオリーと発達心理学の巨人 ････････ 92

発達はよきものに向かうものか（92）　遺伝・環境論争
（92）　ピアジェの認知発達理論（95）　ヴィゴツキー
の社会文化的アプローチ（96）　エリクソンの心理社会
的発達理論（98）

viii

2 生物としてのヒト 99
　●新 生 児 期

反射，感覚，知覚の初期状態（99）　　母子関係（101）
初期の障害——早期発見の功罪（103）

3 親密な他者とのつながり 104
　●乳 児 期

言語発達（104）　　親子関係，社会との関係の成立と愛着
（106）

4 社会の広がり，個性の分化 109
　●幼 児 期

心の理論——認知発達と自己の芽生え（109）　　個性の成
立と仲間関係（110）　　反抗期と子どもの嘘（111）

5 知識の獲得 112
　●児 童 期

認知発達と初等教育（112）　　自己のジェンダーの認識，
同性集団，ギャング・エイジ（114）　　いじめとその被害
（115）

6 人生は悩むこと 118
　●思春期・青年期

心身の成長とアイデンティティの確立（118）　　恋愛関係
（118）　　アイデンティティの混乱——さまざまな悩み・
不適応・病理（120）　　就「職」から「キャリア」発達へ
（121）

7 社会で活躍すること 122
　●成人期・中年期

成人期の課題（122）　　社会で生きること，親になること
（122）

8 円熟と終末と 124
　●老 年 期

機能低下か熟達か——自分なりの人生総仕上げ（124）

目　次　ix

第5章 心 を 測 る 127

心理学的アセスメント

1 心理学的アセスメントの歴史 ·················· 128

心理学的アセスメントの誕生（128）　心理学的アセスメントの発展（129）

2 心理学的測定の考え方 ·················· 129

操作的定義と心理学的測定（130）　信頼性と妥当性（131）　操作的定義によらないアセスメント（132）

3 知能のアセスメント ·················· 133

ビネ型知能検査と年齢尺度法（133）　ウェクスラー型知能検査と偏差知能指数（135）　知能指数と「頭のよさ」（136）

4 発達のアセスメント ·················· 136

発達検査（136）　認知症の検査（137）

5 適性のアセスメント ·················· 138

職業適性検査（138）　適性検査の問題点（138）

6 性格のアセスメント ·················· 139

質問紙法性格検査（139）　作業検査法（141）　投影法検査（142）

7 心理学的アセスメントの問題点 ·················· 144

第 III 部　心理学のコアな原理

第6章　世界をどうとらえるか　149

知覚・認知・記憶の心理学

1　環境をとらえるしくみ　150

知覚とは何か（150）　　認知とは何か（150）　　人間の知覚と認知（151）

2　知覚のシステム　151

感覚情報と知覚（151）　　見ているのは目？（152）

3　知覚とアフォーダンス　153

幾何学的錯視（153）　　錯覚の原因（154）　　錯覚は「間違い」ではない（155）　　環境のアフォーダンス（156）知覚がとらえるのはアフォーダンス（156）

4　記憶のしくみ　158

記憶とは何か（158）　　短期記憶の働き（158）　　短期記憶から長期記憶へ（159）　　宣言的記憶と記憶術（160）記憶の再生と再認（160）　　記憶の変容と忘却（161）

5　認知のバイアス　163

認知のバイアスとは（163）　　確証バイアス（163）　　少数例の一般化（164）　　リスク時の認知バイアス（165）

第7章　あなたはなぜそのように行動するのか　167

行動と学習の心理学

1　行動とは何か，学習とは何か　168

行動とは何か（168）　　学習とは何か（168）　　生体と環

境の相互作用（169）　行動研究と動物実験（170）

2 生得的行動　　　　　　　　　　　　　　　　172

反射と定位（173）　本能的行動（173）　生得的行動と
学習される行動の境目（174）

3 学習される行動　　　　　　　　　　　　　　174

レスポンデント行動とレスポンデント条件づけ（174）
オペラント行動とオペラント条件づけ（175）　行動の分
類をまとめてみる（175）

4 レスポンデント条件づけ　　　　　　　　　176

パヴロフの発見（176）　対提示による刺激と刺激の連合
（177）　レスポンデント条件づけと人間行動（178）
般化と弁別（179）　高次条件づけ（179）　レスポンデ
ント条件づけの消去（180）

5 オペラント条件づけ　　　　　　　　　　　181

スキナーとスキナー箱（181）　強化と罰，好子と嫌子
（182）　4つの随伴性（183）　嫌子による条件づけの
問題点（184）　オペラント条件づけの弁別（185）　消
去抵抗と強化スケジュール（186）

6 オペラント条件づけと人間行動　　　　　　187

言語の役割（187）　ルール支配行動（188）　シェーピ
ング（188）　観察学習（189）　観察した行動を実行す
る条件（190）

第 IV 部　心理学の歴史と方法

第 8 章　心はどう探究されてきたか　　193

心理学の歴史

xii

1 歴史的に考えることの意義 ･････････････････････ 194

2 哲学による感覚・知覚研究から実験心理学へ ･･････ 194

3 ヴントの心理学 ･･･････････････････････････ 197

4 臨床心理学，発達心理学，社会心理学 ････････････ 198

臨床心理学 (199)　　発達心理学 (199)　　社会心理学
(200)

5 ヴント以後の心理学 ･････････････････････ 201
● 継承，批判，発展

19 世紀末のアメリカにおける心理学 (201)　　精神分析
(203)　　ゲシュタルト心理学 (204)　　行動主義 (204)

6 現代の心理学 ･････････････････････････････ 206
● 人間性，社会，認知へのアプローチ

人間性を重視する心理学 (206)　　社会心理学 (207)
認知心理学 (208)

7 日本の心理学 ･････････････････････････････ 208
● 約 130 年の歩み

8 心理学の未来 ･････････････････････････ 211
● 21 世紀の心理学

| 第 9 章 | データから心をさぐる | 213 |

心理学の研究法

1 心理学はデータをとる学問 ･･･････････････････ 214

質的データと量的データ (215)　　データの客観性 (216)

2 観察・実験・調査 ･････････････････････････ 217

観察の方法 (217)　　実験の方法 (218)　　調査の方法
(219)　　実態調査・現地調査 (220)

3 心理統計学 ･･･････････････････････････････ 221

目　次　xiii

記述統計学（221）　　推測統計学（222）　　多変量解析
（224）　　モデルの適合性とベイズ統計（224）

4 質的研究法 ……………………………………………………… 226

法則定立型研究と個性記述型研究（226）　　質的研究法の
データ（227）　　質的データの分析法（227）

5 研究結果の再現性と研究不正 ……………………………… 229

研究の不正（231）　　研究不正の防止（232）　　疑わしい
研究実践（232）　　HARKing と出版バイアス（233）
事前登録研究と追試研究（234）

参 考 文 献　237
ブックガイド　　240
事 項 索 引　246
人 名 索 引　256

xiv

Column 一覧

① 心理学とその資格　7

② 血液型で性格がわかるか　56

③ パーソナリティ障害　65

④ キティ・ジェノビーズ事件　83

⑤ 当たり屋グループが来ています！　90

⑥ 発達心理学のドミナント・ストーリーを鵜呑みにしないために
　　102

⑦ メディアの「心理テスト」と心理学的アセスメント　145

⑧ 月の錯視　157

⑨ 目撃証言と偽りの記憶　162

⑩ 動物心理学　171

⑪ 「勉強しないと叱る」は正の罰じゃないの？　185

⑫ 大学生が勉強しないのはなぜ？　186

⑬ 山本五十六　190

⑭ 巨人の肩の上に立つ　210

⑮ ベムの予知実験　230

イラスト：オカダケイコ

本書のコピー，スキャン，デジタル化等の無断複製は著作権法上での例外を除き禁じられています。本書を代行業者等の第三者に依頼してスキャンやデジタル化することは，たとえ個人や家庭内での利用でも著作権法違反です。

序章　心理学ってなんだ？

心理学の仕事とテーマ

Introduction

　小学校から高校までの時間割には「心理学」という授業科目はありません。じつは高校の倫理や現代社会，保健体育などの授業の中では心理学の知識がいくつか取り扱われているのですが，みなさんが心理学を本格的に学ぶのはふつう大学や専門学校に入ってからですし，心理学を学ぶ機会に出会わない人もすくなくありません。心理学を学ぶことにはいったいどんな意味があり，何に役立つのでしょうか。いっぽうで「心理学」という言葉にはテレビや雑誌などでもしばしば出会いますが，そこで伝えられる知識は学問としての心理学であることもあれば，そうでないこともあります。いったいどんなことが，学問としての心理学の知識なのでしょう。この章では，まず心理学を学ぶことの意味を，心理学とさまざまな仕事との関係から考えていきます。そして，学問としての心理学のさまざまなテーマを見ることで，心理学というものがみなさんが普通に考えるよりもずっと幅広いものであることを知ってもらいたいと思います。

1 心理学と仕事

●心理学を勉強したら何になる？

この本を読んでおられるみなさんの中には，大学などで心理学を勉強している方がおられると思いますが，「心理学を勉強している」とご家族やお友達に話したら，なんと言われるでしょう。「ああ，カウンセラーになるの」とか「心理士になるんだね」と言われることが多いのではないでしょうか。

いっぽう，心理学を勉強しているわけではないし，別の資格や職業を目指して勉強しているのだけど，その勉強の中に心理学の科目があることから，この本に出会った方もおられるのではないでしょうか。「学校で心理学を勉強している」と友達に言ったら「え～，カウンセラーになるわけでもないのになんで心理学なんか勉強しているの？」と聞かれるかもしれません。

そのくらい，心理学と言ったらカウンセラー，心理士というイメージは強く世の中に広がっています。もちろん，心理学を学んだ人の仕事としてこうした臨床心理の仕事は重要なもののひとつですし，それを目指す人が多いのは事実ですが，それ以外にも心理学を学んだ人が進む仕事，その仕事に就くためには心理学の知識が求められる仕事はたくさんあります。この本の最初の章ではまず，心理学といろいろな仕事との関係を見ていきましょう。

医療と心理学

臨床心理の仕事は医療と深い関係にありますが，医療の現場で心理学の知識を活かしているのは心理士だけではありません。

医学部で医師を目指して学ぶ人々のカリキュラムの中には行動科

2

学という科目が用意されていることが多く，そこで学ばれるのはおもに心理学の知識です。これは大学1年次から2年次に配置されていることが多いですから，卒業して外科医になるか内科医になるか，あるいは耳鼻咽喉科医になるか皮膚科医になるかといったことには関係なく，すべての医師が心理学を学んでいることになります。歯学部で歯科医師になる人の多くも行動科学や心理学の授業を受けています。

　医師以外をみても，看護師養成のカリキュラムにも心理学または行動科学が配置されていて，看護師国家試験にもときどき心理学に関係する出題があります。また，理学療法士，歯科衛生士，言語聴覚士など，医療系の資格養成課程の多くにも心理学の授業がありますから，医療関係の仕事につく人のほとんどがなんらかの形で心理学を学んでいることになります。

　医療の仕事につく人が，なぜ心理学を学ぶのでしょうか。それには大きく3つの理由があります。1つは，医療を利用する患者さんの心理や行動を心理学的に理解すること（患者理解）が，治療やリハビリをスムーズに進めるのに役立つこと，2つめは，対人関係やコミュニケーションについての心理学の知識が患者さんとの関係改善に役立つこと（コミュニケーションの改善），そして3つめに，医療に携わる自分自身の行動や心理を客観的に理解すること（自己理解）が，専門家として仕事をしていくのに役立つことです。

　こうした理由で，医療系の大学や専門学校に通うたくさんの人が，日本中で心理学を勉強しています。この本を読んでいるあなたも，そうした人のひとりかもしれません。

福祉と心理学　心理学の知識が仕事に求められるのは福祉系のさまざまな仕事も同じです。医療と同

序　章　心理学ってなんだ？　　3

様に，心理学の知識は福祉の利用者の行動や心理の理解，利用者とのコミュニケーション改善，福祉従事者自身の自己理解に役立つために，社会福祉士などの資格を取得するのに心理学の学習が必須とされています。また，児童相談所など子どもや青少年の福祉に関わる仕事では，その年代の子どもたちの身体的・心理的発達についての心理学的知識（発達心理学）が必要になりますし，介護福祉士など高齢者の福祉に携わる仕事では，加齢（年をとること）にともなう人の行動や心理の変化についての心理学的な知識（高齢者心理学）が役立ちます。また精神保健福祉士（PSW）のように心の病気をもつ人と医療との関係をコーディネートする仕事では，心理学の知識は心の病気を理解することの基礎になっています。

このようなことから，福祉系の資格を取るために学校に通っている人のほとんどもまた，いちどは心理学を勉強することになります。

教育と心理学　　心理学の知識が生かされるのは医療・福祉の現場だけではありません。教育の世界も心理学が活躍する代表的な現場です。大学で小中学校，高等学校の教員を養成する教職課程では，教育心理学と教育相談が必修科目になっています。一般に教職課程の教育心理学の授業では，子どもや青少年の発達に関する知識，授業の設計と実施に関する心理学的な知識，そして教育評価（学力や能力），個性のアセスメント（→第5章）について学びます。また教育相談の授業では，教師による生徒のカウンセリングである教育相談を行うのに必要な心理学の知識や技術が教育されます。教師を目指す大学生はそうした心理学の知識を学んでから教育現場に出て行き，心理学の知識を活かして教育を行っているのです。

警察・司法と心理学　最近では心理学を学ぼうとする人の中に犯罪者のプロファイリング（犯罪者を心理学的に分析して犯罪捜査や犯罪防止に役立てること）のような犯罪心理学に興味をもつ人が増えました。日本の警察には警察庁に科学警察研究所，都道府県警察に科学捜査研究所が設置されていて，科学的な犯罪捜査や犯罪予防を進めていますが，それらの研究所には必ず大学・大学院で心理学を学んだ人がいて，プロファイリングなどの心理学的な捜査に携わっています。

　また，少年鑑別所などで犯罪や非行に手を染めた少年たちに心理テストや面接，カウンセリングなどを行って社会復帰に向けた処置を計画する法務技官の仕事にも大学の心理学科出身者がたくさんついていますし，刑務所での受刑者の社会復帰訓練の仕事にも心理学の専門知識をもった人が多くなっています。

産業と心理学　これまで紹介した以外の職業や産業の現場でも，心理学の知識や技術はさまざまな形で役立っています。その代表的なひとつが，企業や会社などの職員採用人事です。職員採用試験でよく用いられる職業適性検査は心理学的アセスメントの技術を用いてつくられており，それらの検査を実施したり採点したりする仕事でも大学で心理学を学んだ人が働いています。

　また，採用した人にどのような仕事でどのように働いてもらうかを決める人事管理にも，心理学の知識が活用されていますし，働く人の心の状態を健康に保ち，より生産的に働いてもらうためのケアを行う産業カウンセラーも，心理学を学んだ人の仕事です。

　また，広告やマーケティングの仕事，社会調査やデータ分析に関わる仕事でも，心理学の知識は幅広く活用されていますし，車や電

序　章　心理学ってなんだ？　　5

気製品などの機械を使いやすいデザインにすることや，化粧品の開発などにも心理学の知識が役立っています。最近よく話題になるAI（人工知能）の研究や開発にも，学習心理学の知識を中心に，心理学の研究成果が活かされています。

心理学の専門家になる　このように，心理学の知識や技術は心理学の専門家だけのものでなく，さまざまな仕事の現場で広く学ばれ，活用されています。そうした現場では必ずしも心理学の専門家ではない人も，心理学の知識を学んで役立てているのです。では，もっと専門的に心理学を勉強し，身につけた人はどんな仕事につくのでしょう。

　まず臨床心理の仕事があります。これはさまざまな心理検査，カウンセリングや心理療法などを行うことを通じて，心の悩みや不適応，問題行動に悩む人のケアをする仕事です（第1章）。こうした仕事は臨床心理士とよばれることが多く，その仕事につくためには大学で心理学を勉強したあと大学院修士課程を修了し，一定の現場経験を積む必要があります。臨床心理の仕事にはこれまで国の資格がありませんでしたが，2018年から公認心理師という国家資格が制定されています（*Column①*参照）。

　心理学を深く専門的に勉強した人がつく仕事のもうひとつが，心理学者として心理学の研究をする仕事です。この本でこれから勉強していくいろいろな心理学の知識はすべて，心理学者たちの研究によって明らかにされたものです。もしあなたが心理学者になったなら，自分で心理学の研究をして新しい事実を発見し，心理学の知識の中にそれを加えていくことができます。

　心理学者になるには，大学で心理学を勉強したあと大学院博士課程まで進んで自分自身のテーマで研究を行い，その成果を博士論文

Column ① 心理学とその資格

　日本では，心理職の国家資格として公認心理師の制度があります（第1章）。資格というのは，最低限の知識と技術を保証するものです。たとえば，保育や調理は自分ですることもできるし，自分や家族に供するための特別な資格はいりません。しかし，多くの人を対象に営業する場合にはそれなりの訓練や資格が必要となります。理髪やマッサージも，そうでしょう。相談は誰でもできる，などという声もありますし，そもそも，資格制度自体がもつ問題点を指摘する人や団体もいます。とはいえ，訓練や資格というのは親密圏を超えて他者と関わる際，とくにサービスの対価を要求する際に必要なものとして広く認められています。サービスを受ける側も有資格者を選んでいるならば，対価を支払うための明確な結果を要求しやすくなります。

　国家資格が制度化される以前にも，臨床心理学的なサービスに関連するものとして，財団法人日本臨床心理士資格認定協会の「臨床心理士」，日本カウンセリング学会の「認定カウンセラー」など多くの資格が存在していました（表0-1）。

表 0-1　心理学に関連するおもな資格

資格名	認定機関
公認心理師	国
臨床心理士	財団法人日本臨床心理士資格認定協会
認定カウンセラー	一般社団法人日本カウンセリング学会
産業カウンセラー	社団法人日本産業カウンセラー協会
認定心理士	公益社団法人日本心理学会
認定心理士（心理調査）	公益社団法人日本心理学会
学校心理士	「学校心理士」認定運営機構
臨床発達心理士	一般社団法人臨床発達心理士認定運営機構

　ここでは日本心理学会の認定心理士と認定心理士（心理調査）の2つに焦点をあてましょう。認定心理士という資格は，心理学に関する内容を修めたことの証明です。一方，認定心理士（心理調査）は，心理学に関する内容を修めたことに加え，心理学の方法について習得し，データ

序　章　心理学ってなんだ？　　7

の収集と分析を行えることを証明する資格です。基礎実験や卒業論文の単位を取っていない人には発行されない資格です。実験・調査（アンケート）・観察・面接など，人と接してデータをとって心理を分析することができる人材は企業や官公庁でも必要とされつつあります。社会で活躍するために求められている資格だと言えるでしょう。

にまとめて博士の学位を取得することが条件になり，それから大学や研究機関に就職して心理学者として働くことになります。

心理学のいろいろな
研究

心理学者が行う心理学の研究は，とても広い範囲に広がっています。これから心理学を学ぶみなさんが「心理学ってこういうものだよね」と思っているようなテーマももちろんですが，「これって心理学なの？」「これも心理学？」と少し不思議に思うようなことがらも，心理学者によって研究され，たくさんの知識が積み重ねられてきました。つぎの節からは，私たちの日常生活で見られるさまざまな問題が，どのように心理学の研究と結びついているかを，具体的な例をあげて見ていきたいと思います。

2 これも心理学，あれも心理学
●心理学のいろいろなテーマ

就職試験も心理学？

「就職試験を受け続けてるけど，落ちてばっかり。もういい加減自信がなくなった。もう何でもいいや。投げやりな態度になってしまう。面接に行っても『どうせ自分なんか』という気になってしまう。」

∞　∞　∞

これは人生の問題ですが，臨床心理学でも理解可能です。臨床心理学のテーマに学習性無力感というものがあります。失敗経験ばかりしていると，無気力になり鬱状態になってしまうということは実験的にも示されています。

私はこのような現象のことを「就職失敗者の錯誤」とよんでいます。大学で教えている大学生の指導のときにも言うことですが，失敗したからといって落ち込むのではなく，落ちて経験値が上がったと考えることです。「〇〇君（さん）にふられて落ち込んでいます。さらに△△君（さん）にもふられました。もう自分の価値などない気がします。だけどあなたとつきあいたいのです」というような人が目の前に現れたらつきあう気になるでしょうか。ならないと思います。楽観的になりすぎるのは禁物ですが，経験値が上がったという実感をもてるようにしましょう。落とされて自分がだめになったと思うこと自体が，錯誤（間違い）なのですから。

➡第1章を参照

フラれて泣くのも心理学？

「友達が彼女（彼氏）にふられた。泣きわめいている。飲みに行こうと言うので友達と数人で一緒に飲みに行ったら，とにかくうるさい。悪口を言ったかと思うと，もう一度会いたいと言って泣いている，という具合でめまぐるしい。私たちはいいかげんぐったりだ。人の悪口を聞くのも気分が悪いし，泣いたらなぐさめなきゃいけないし。

ところが！

数週間後には別の女の子（男の子）と歩いているところを見かけた。何だったんだ！ あの大騒ぎは！」

∞　∞　∞

序　章　心理学ってなんだ？　9

これは感情（臨床）心理学のテーマになります。

「感情がたまる」「ストレスがたまる」と俗にいいますが，実際，さまざまな感情を外に吐き出すことができる人は，感情をためることがないため，生活を楽しむことができます。現代では，さまざまな生活上のストレスが個人を襲います。そうしたとき，その時々に感じる感情を認識して，うまく発散させることが大事です。大人であれば，言語を用いたり，たまには酒を飲んで羽目を外したり，ということができますが，子どもはどうでしょうか？ 難しいでしょう。子どもを対象にしたカウンセリングには，言語ではなく遊びを用いた技法もあります。

➡第1章や巻末のブックガイドを参照

性格を変えたいのも心理学？

「友達がぐちっぽくていや。なんかいつも，『私はダメだー』とか『明るくなりたいー』とか言ってる。言ってるわりには，『どうせ性格は変わらないから一生不幸なんだ』とか思い込んでる。性格を変えようと思ったらできると思うんだけど……。」

∞　∞　∞

これは性格心理学のテーマになります。性格の悩みということについて，ネット上で検索してみると，さまざまなことが並んでいます。優柔不断，傷つきやすい，怒りをコントロールできない，暗い，引っ込み思案などなど。しかし，これらの悩みの根本にはあるひとつの要因があります。それは「自分を変えられない」「性格を変えられない」ということです。

性格を個人の中にあると考えると，それは変わらないように感じますが，それは本当なのでしょうか。性格は少なくとも，自己意識，他者から見える自分，大勢の中での自分の相対的位置，という3つ

図 0-1　バランス理論

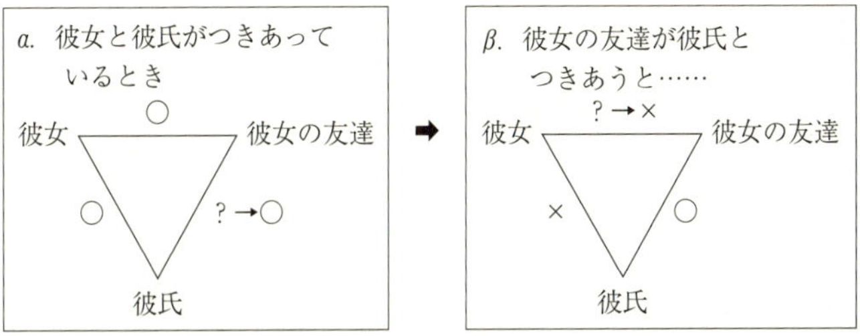

a. 彼女と彼氏がつきあっているとき

彼女 ── ○ ── 彼女の友達
○　　　　? → ○
彼氏

➡

β. 彼女の友達が彼氏とつきあうと……

彼女 ── ? → × ── 彼女の友達
×　　　　○
彼氏

の成分を含んでいます。自己意識や相対的な位置はなかなか変わりません，なので，他者から見える自分を変えることが有効です。そしてそのためには，具体的な行動を変えてみることです。性格を変えようと思わず，行動を変えましょう。そのときには性格も変わっているはずです。

➡第 2 章を参照

彼氏を奪うのも心理学？

「友達 A が，友達 B の彼氏を奪ってしまった。略奪愛？ とにかく仲良し 3 人組で高校からずっと一緒だった女の子友達だったのに，友情は完全に崩壊。3 人で会うことはもうない。

友達 A も友達 A だけど，その彼氏もひどいよね。自分の彼女（B）の友達である A とつきあうっていう神経がわからない。」

∞　∞　∞

これは社会心理学のテーマになります。3 つの要素の関係は何となくバランスがとれているものだという，バランス理論というものがあるのです。図 0-1 を見てみましょう。

まず a という三角形があると，どうしても，彼氏と彼女の友達は会う機会が増えます。大好きな彼女の友達だし，彼女の友達から彼

序　章　心理学ってなんだ？　　**11**

氏を見れば，親友の彼氏ということになります。

　ところがβのように，いったん，彼女と彼氏の関係が崩壊して彼氏と彼女の友達がつきあいはじめると，彼女と彼女の友達との関係も×になってしまうのです。

　➡第3章を参照

自分がわからないのも心理学？

「高校卒業して大学に来たけど，なんかやる気がでない。就職までの4年間，どうすごそうか。もう体育会系部活動はやりたくないし，かといって勉強を思いっきりしたいというわけでもない。まわりもみんな遊びやバイトに熱心で勉強という雰囲気もない。何か就職に有利そうな資格をとろうか。とるためには何か必要なんだろうか。でも何を目指して資格をとればいいのだろう？　何をやりたいのか，何になりたいのか，わからない……。」

　　　　　　　∞　∞　∞

　これは発達心理学（青年期）のテーマになります。青年期はアイデンティティ（自己同一性）を模索して確立する時期だといわれています。何になりたいのかわからない，という状態もけっして珍しいわけではないので焦らずに，しかし真剣に考えることが大事かと思います。

　➡第4章を参照

おじいちゃんの智慧も心理学？

「うちのおじいちゃん，ぼけないようにって毎日読み書きしてる。頭のよさも身体と同じように年をとると衰えるんだろうか？昔のことはよく知っているし，『古老の智慧』というようなものもあるはず。年をとったら単純に衰えていくというのは，ちょっと変

なのではないだろうか？」

∞　∞　∞

　これは発達心理学（老年期）のテーマになります。

　お年寄りと聞くと「ぼけ」とか「頑固」というイメージがあるか
もしれませんが，それは偏見かもしれません。最近の心理学では知
能を結晶性知能と流動性知能に分けたり，英知という概念を使って，
年老いたからといって衰退するわけではないことを主張しはじめて
います。

➡第4章を参照

ミルクティーも
心理学？

　　「ミルクティーって紅茶を入れてからミル
クを入れるのと，ミルクを入れてから紅茶
を入れるのとでは味が違うって言っている
友達がいる。そもそも味が見分けられるか疑わしいと思うんだけど，
ホントにわかるのかなぁ。自分で入れてるからわかった気になって
るんじゃないのかなぁ。でも，どうやって確かめたらいいんだろ
う。」

∞　∞　∞

　これは知覚心理学，そして心理学研究法のテーマになります。私
たちが味をどのように認識しているのかも，心理学では調べられて
います。確かめるための方法を考えてみましょう。まず，違いがわ
かるという主張をしている人が自分で入れて違いがわかると言って
も意味がないことはわかるでしょう。だから，他の人が入れる必要
があります（図0-2）。

　一発勝負で，どちらかを出して，1回だけあててもらう。あたっ
たとしても，これじゃ少なすぎるということはわかると思います。

　仮に100回やってみて，100回あたったらどうでしょう？　百発

序　章　心理学ってなんだ？　13

図 0-2　ミルクティーの味の違いがわかる？

百中なら，信用してもいいかな，と思います。では，100回のうち50回だったらどうでしょう？

　気づいた人もいるとは思いますが，AかBかをあてる場合には，あてずっぽうであたるのが，なんと5割です。どちらかを言えば半分はあたるのです。統計学の立場からすると，75回以上はあててほしいものです。

　➡第5章，第6章，巻末のブックガイドを参照

太陽の大きさが違うのも心理学？

「家族で北海道にドライブに行った。そうしたら夕日が超でかい。さすが北海道！夕日もでかい！ってか。でも待てよ。太陽の大きさが見ている場所で違うってことはありえなくない？ 東京より北海道の夕日がでかいわけない。そういえば，月も真上にあるときは小さいけど，地平線や水平線の近くでは少し大きい。何で？」

∞　∞　∞

　これは知覚心理学のテーマになります。太陽がダイエットしているならともかく，実際に太陽や月の大きさが変わることはありませんから，錯覚なのです。

➡第6章を参照

見間違いも心理学？

　「キャンパスで友達を見かけた。なんかちょっと髪型を変えたかな？　でもあの歩き方でわかる。ファッションセンスもいいし。後ろからわっと言って驚かせてあげよう！　……でも，驚いて振り向く顔を見たら違う人だった。ごめんなさーい！」

∞　∞　∞

　ここまでおおげさなものは少ないとしても，こうした見間違いはちょくちょく起きているもの。これは認知心理学の話です。また，これが法廷の目撃証言（事件を目撃した際の見間違い）だとすれば，法と心理学の話題でもあります。私たちは，「確信がある判断は正しい」と思うことが多いですが，この例のように，「強烈な思い込み」が人違いを起こすこともあることが心理学の研究でも明らかにされています。

➡第6章を参照

ネズミの行動も
心理学？

　「科学の進歩はすごいものがあって，脳のいろんな部分の機能がわかってきているらしい。たとえば，脳のある部分が空間認識に関係していることがわかった，ということなんかがあるらしい。ネズミを使った実験をするということなんだけど，ネズミの空間認識ってどうやって調べるの？　まさか『これ覚えてる？』なんて聞

序　章　心理学ってなんだ？　15

図 0-3 水迷路

（注）この中に墨汁か牛乳を入れて，足場を見えなくして実験する。

くわけないだろうし。」

∞　∞　∞

　これは学習心理学のテーマになります。ネズミといってもラットとマウスがいますが，いずれにせよ，動物を対象にどうやって記憶を研究するのでしょうか。

　水迷路という研究方法があります。牛乳や墨汁を入れて中を見えなくした水槽の中に足場をおきます。ある場所からネズミを放すと試行錯誤の末，足場にたどり着き休憩します。これを繰り返すと，ネズミは足場の場所にすぐたどり着くようになります。つまり，空間認識が形成され，足場の場所が記憶されたと考えることができるのです。そして，ここからは少し残酷ですが，たとえば脳内のある部位を破壊してみます。破壊しても記憶に影響のない部位と影響がある部位があることがわかります。そして，記憶が損なわれたときに壊した部位について，さらに細かい実験をしていくことで，記憶に関連する部位を突き止めることが可能になります。こうした研究

はもちろん倫理的問題をはらんでいますから，勝手に実験できるわけではなく，事前の申請や審査を受けたうえで許可があった場合のみ，研究を行うことができます。

➡第 6 章，第 7 章，巻末のブックガイドを参照

> **パヴロフのイヌも心理学？**
>
> 「テレビを見ていたら番組の中でレモンをしぼり始めた。なんかすっぱい感じでみんなが顔をしかめてる。ツバも出てきた。これっていわゆる『パヴロフのイヌ』状態？
>
> そういえば，料理番組を見ているとツバが出てくることもあるし，『フランダースの犬』なんて最初の絵を見ただけで涙が出てきて泣きそうになる。
>
> でも，親戚の 3 歳の子は見ても何も動じない。5 歳のお兄ちゃんはレモンをしぼろうとするだけで『すっぱいー』と大騒ぎなのに，3 歳の子はレモンのすっぱさに強いの？」

∞　∞　∞

これは行動心理学，生理心理学のテーマになります。自分で意識しないのに反射的に行動を行うことを，俗にパヴロフのイヌといいますが，パヴロフは 19 世紀〜20 世紀の生理学者です。彼は唾液の研究をするために，イヌの首に手術をして管を取り付けて，唾液の分泌が外から見えるようにしました。唾液は何かを食べるときに消化を助けるために分泌されるものですが，パヴロフは，エサをもってくる人の足音を聞いただけでも，唾液が分泌されることを発見したのです。心理学の中では，古典的条件づけとして知られるきわめて重要な現象です。

➡第 7 章を参照

序　章　心理学ってなんだ？　17

| ホラー映画も心理学？ | 「この前，『リング』という映画（原作：鈴木光司）を見ていたら，心理学者・伊熊平八郎という人が出てきた。しかも，この人には実在のモデルがいたらしい。念写とか超能力とか，そういうことも心理学と関係するんだろうか？」

∞　∞　∞

　これは心理学史のテーマになります。伊熊平八郎のモデルは福来友吉（1869-1952）という実在の人物です。福来は，東京帝国大学で心理学を学び，催眠術や臨床心理学の研究をしていました。当時は，変態心理学（abnormal psychology の訳：いまの臨床心理学）とよばれていました。しかし，福来は催眠術を受けると特殊な能力を発揮できると考え，見えないところを見ることができる「透視」，自分で考えたことを写真に写し込むことができる「念写」の研究にのめり込むことになりました。透視・念写は福来以外の人の前では成功することがほとんどなく，この現象は否定されることになりましたが，福来はけっして自分の考えを曲げず，福来自身が大学を去るという結果になりました。超能力が存在するかどうかは，心理学そのものではありませんが，この事件は日本の心理学史上も有名な事件です。

➡第8章を参照

　このほかにも，もっと面白いテーマもありますが，前口上はこのくらいにして本編に入りましょう。まずは臨床心理学からです。

第 I 部

身近に感じる心理学

第1章 心理に関する支援を行う

臨床心理学

Introduction

　心理学といえばカウンセリングと心理療法，一言で言えば臨床心理学。こうしたイメージをもつ人は多いと思います。しかし，2018年から公認心理師という国家資格が制定されたことで状況が変わりました。心理学の知識や技能分野を臨床心理学という形で限定することがかえってイメージを狭めかねないことになったのです。

　そして，心理に関する支援が必要な人に対して，心理学を学び必要な技術を身につけ（さらには，国家資格の試験に合格す）ることで人々の心の健康の増進に貢献するのが公認心理師です。

　もちろん，臨床心理学が培ってきた知識や技術がまったく無駄になるのではなく，これまでの蓄積の上に，国民の皆さまに信頼される心理に関する支援の提供が可能になるのだと思われます。

　心理に関する支援が必要な状態は「自由で思うとおりの生活が難しい」という状態です。そして，その原因は多様ですから，その対処法も多様にならざるをえません。この章では，医療・健康／福祉／教育／司法／労働・産業に展開されるべき心理支援のあり方やそれを必要とする個人の状態について考えます。

1 臨床心理学の範囲

公認心理師の範囲と
臨床心理学

日本では，2018 年から公認心理師という
国家資格が制定されました。公認心理師法
の第 1 条には法の目的が「心の健康の保持
増進」にあると書かれています。また，同法第 2 条に公認心理師の
定義が書かれています。

「保健医療，福祉，教育その他の分野において，心理学に関する
専門的知識及び技術をもって，
1. 心理に関する支援を要する者の心理状態を観察し，その結果
を分析すること。
2. 心理に関する支援を要する者に対し，その心理に関する相談
に応じ，助言，指導その他の援助を行うこと。
3. 心理に関する支援を要する者の関係者に対し，その相談に応
じ，助言，指導その他の援助を行うこと。
4. 心の健康に関する知識の普及を図るための教育及び情報の提
供を行うこと。」

活躍する場は保健医療，福祉，教育，と広いこと，その対象が心
理であることがわかります。ちなみに明記されていませんが，労働
や産業の現場でも活躍されることが期待されています。
公認心理師と臨床心理学の関係，わかるようでわかりませんが，
違うのでしょうか？ 同じなのでしょうか？ 英語で臨床心理学と言
うと，Clinical psychology です。Clinical という語の意味を考えれ

22　第 I 部　身近に感じる心理学

ば，臨床にとどまらないということが明らかになっていきます。

クリニカル——臨床心理学の範囲

臨床という語ですが，これは，現場に立って相手に寄り添うということを意味します。意外かもしれませんが，医学でさえも人を「みる」（見る・看る・診る）よりも本に書かれた知識を重視する時代がありました。やがて，そうではなく，患者さんを診ることで医療を行うという立場がとられるようになってきて，そのときの合い言葉のようなものが clinical（臨床）であったのです。この clinical という概念が心理学に入ってきたのは 19 世紀末です。ただし心理学の場合には，臨「床」が正しいかどうかは少し疑問です。臨「人」や臨「場」のほうがふさわしいかもしれません。

臨床心理学はその歴史から考えると，大きく 2 つの源流を考えることができます。その 1 つは今日でいう精神医療の問題を心理学的に扱うということです。精神病によって普通の生活ができなくなってしまった人に対して，鎖でつないだり座敷牢に閉じ込めるのではなく人間的な対応を考えるということです。もう 1 つが学校における不適応児の問題を心理学的に扱う領域です。

また，これらの領域に共通する問題として，心理査定・心理検査というものがあります。つまり，対象となる人の状態を可能な限り客観的あるいは共通的に理解するための標準的道具（ツール）の製作という問題であり，これも心理学の重要なテーマです。

つまり，医療，教育，心理査定，というのが臨床心理学のルーツだと考えることもできるのです。そこにおいて，なぜ clinical という概念が必要だったのか，ということについては，clinical psychology という語をつくり定着させたウィトマーの説明を聞きましょう。

第 1 章　心理に関する支援を行う　　23

「臨床心理学は，哲学的思索に由来する心理学的・教育学的原理への異議申し立てであり，実験室の結果を教室の子どもたちに直接に適用しようとする心理学への異議申し立てである」。

(Witmer, 1907；サトウ訳)

つまり，臨床という語には相手の目線に立って，という意味を込めたかったというのがウィトマーの主張なのです。これは非常に重要な視点ではないでしょうか。

では，臨床心理学にはどのような領域があるのでしょうか。以下で見ていきましょう。

臨床心理学的問題の
あり方を考える

臨床心理学が対象にするのは，精神病のような状態に限定されるものではなく，広く行動・感情的な問題，身のまわりの状況への不適応反応なども含まれます。そして，こうした問題について，機能的な回復を支援したり，何らかの介入を行うことで，もともとの問題を消失させたり悪化を防いだりすることが臨床心理学の仕事です。

数学のテストの点が安定しない人，について考えてみましょう。数学が苦手で点数が低いのも問題ですが，点数がよかったり悪かったり，つねに変動していて，先生も生徒本人も困っているというような状況を想像してください。

このような場合，何らかの原因を突き止めることで介入の効果をあげることができます。

たとえば，単純に考えられるのは，勉強にムラがあるということです。自分は勉強しているつもりでも，じつは途中でゲームしたりマンガを読んだり，という感じでムラがあるので，つねに勉強して

24　第1部　身近に感じる心理学

いるわけではない，ということがありえます。家庭のごたごたがあって，勉強どころじゃない，ということもありうるでしょう。恋愛にうつつを抜かしていて，気になる相手がデートをしてくれると勉強にやる気が出ますが，そうでないとまったくやる気にならない，ということもありえます。

　つまり，似たような現象に対して複数の要因がありうるのが臨床心理学の問題の特徴です。身体の病気，たとえば感染症のように，原因となる物質が体内に入れば発症し，その物質を除去できれば治療が終わり，というような単純な因果関係だけではないのです。

　また，原因がわかっても取り除いたり介入したりできない場合もあります。

　先ほどの数学の点数が不安定な人は，じつは「かけ算の九九」を間違えて覚えていただけなのかもしれません。「7×7＝48」というように。7×7が計算に入る場合には点数が低くなり，そうでない場合は成績がよい，ということかもしれません。このような原因がわかった場合には，原因を取り除くことができます。しかし，たとえば家庭が不和だという原因だったらどうすればいいのでしょうか。このような場合には，家庭ではない場所を勉強場所として提供する，などが必要かもしれません。

　最近の日本では，朝食を家で食べてきていない子どもが増えています。そうであれば，午前10時頃にはお腹がすいて勉強どころではないでしょう。先生が生徒のことを不真面目だと叱ったところで何の効果もありません。学校で朝食を出したりおやつを出したりすることが必要かもしれません。あるいは女子の場合には思春期やせ症（摂食障害）が原因で成績が不安定になることもありえます。このような場合には，まず思春期やせ症に介入しないことには，学力低下という問題は解決しません。

第1章　心理に関する支援を行う　25

いま挙げた例は，心理療法やカウンセリングというよりはガイダンス（相談）に近いものです。しかし，個々人が抱える表層的な問題（先ほどの例では数学の成績が不安定）から，その原因に接近して，可能なら原因を同定して適切な解決法を探るというのは臨床心理学の1つのあり方です。

臨床心理学の諸活動　現在の日本の臨床心理学は，大変広い活動から成り立っています。たとえば，心理療法，行動療法，カウンセリング，特別支援，発達臨床，学校心理，非行臨床，ガイダンス，心理検査，異常心理学などいくつもの内容を含んでいます。逆に何を含んでいないかということを考えてみましょう。たとえば，精神医療における薬物療法です。アロマセラピーのようなこともしません。また，手相や占星術などの占いのように未来予測をすることもありません。

　心理療法とは，心理的苦痛を抱えている人の苦痛を除去するための介入方法です。ここで心理的苦痛とは，不安障害（神経症）とよばれる範囲のものです。PTSD（post-traumatic stress disorder；心的外傷後ストレス障害）のように，過去の不快な経験が現在の自分を苦しめている場合もあります。カウンセラーとの関わりを通じて，こうした苦痛を低減しようとするのが心理療法です。なお，精神病である統合失調症や双極性障害（躁うつ病）に対しては，精神科に通った場合まず主症状を抑えるために薬物療法が行われますが，薬物がつねに効果的であるわけではなく，日常生活（病院や家庭）において心理療法が役立たないということではありません。

　心理療法という語が心理的苦痛の除去という面を強調するのに対して，問題行動，苦痛を生じる行動を除去するためのプログラムを提供するという視点に立つのが行動療法です。問題行動を定義しや

26　　第I部　身近に感じる心理学

すい場合には使いやすいものです。恐怖症のように，具体的な事物（動物や場所）が怖いために自分や他者が行動を制約されて困っている，という場合には，その問題行動を低減するためのプログラムを提供しやすく，即効性もあります。

カウンセリングは，心理的苦痛や行動の除去という側面よりも自己成長を重視するものであり，臨床心理学者のロジャーズが精神医学的な用語や考え方と区別するために強調した語です。カウンセラーとの対話を通じて自己の成長を実現するというロジャーズの考え方は心理学が精神医学と差異化を図るために重要な論点を含んでいますが，言語のやりとりに依拠しすぎることがときに欠点になります。

重度知的障害者とよばれる人たちは，それが発達の「遅れ」であるかどうかはともかく，日常生活を送れるほどの知的技能（言語を操るスキルも含む）を獲得できないことが多いものです。しかし，言語が使えなくても，記号カードを使えば意思表示ができるかもしれません。こうした人たちの成長を支えるのが特別支援であり，心理学の基本的考え方が用いられています。特にスキナーに始まる行動分析の考え方が有用であり，行動獲得・行動形成を支援しています。

発達臨床は，重度というほどの遅滞はなくても，自閉症など，生活をしづらい子どもや成人たちの成長を支えながら社会生活を送れるようにするものです。

学校心理は，学校という空間の中でカウンセラーが子どもたちに対応することが中心です。不登校（保健室登校），いじめ，非行など学校で起きる問題に対して，教科を教える先生ではない立場の人が，相談に乗ることで，子どもたちの成長を支え問題の芽をつもうということです。また，学校内で大きな事件が起きるとカウンセラーが特別に派遣されることも最近では常態化しています。

第 1 章　心理に関する支援を行う　27

非行臨床は，少年鑑別所での少年の理解や，少年院などにおける矯正指導・心理的支援です。また，家庭裁判所の調査官も臨床心理学の素養が必要だとされています。

ガイダンスは，特に心理的苦痛には限らない問題について，話を聞きながら相談に応じるかたちで支援する活動です。

心理検査は，人の心理的状態を理解するための標準化された道具をつくり，それによって対象者を理解しようとするものです。たとえば，子どもの知能といったとき，何が知能なのかということや，AちゃんとBちゃんとの知能はどのように似ていてどのように違うのか，ということを考えるのは意外に難しいものです。心理学者たちは，知りたい現象に対して，1セットの検査器具を整備することで，心理的状態の理解を促進する役割を担ってきました。知能検査はその代表的なものです。たとえばAちゃんは言語を用いた側面は強いが，Bちゃんはパズルのような思考が得意だ，ということを理解して個性を理解するのです（第5章）。

異常心理学は，心理的苦痛の原因を探るアプローチです。原因を突き止めれば，その原因に対処することで治療が可能だと考えるのは医学モデルとよばれますが，このような因果関係をうつ病の発症などにあてはめて，その原因を可能な限り限定的に考えるのが異常心理学です。たとえば，仕事ストレスの増加→ソーシャルサポートの欠如→うつ病の発症のようなモデルが正しければ，薬物による療法よりも，より根源的な原因（仕事ストレス）の除去のほうが必要だということになります。

臨床心理学による介入の多様性

前項では，臨床心理学の範囲について述べましたが，ここでは臨床心理学による介入の種類について簡単に見ておきます。

28　第I部　身近に感じる心理学

まず，何を対象にするのかでいくつかの分類ができます。心理的苦痛除去かネガティブ行動の減少か自己成長か，といったことです。苦痛を除去するには心理療法，ある行動を除去したいなら行動療法，自己成長も視野に入れるならカウンセリングがおもな方法となります。なお最近は1つのやり方にこだわらない統合的心理療法という考え方が広まってきています。

　対象者の数でも分けることが可能です。1対1で向き合いながら行うのが個人療法です。対象者が複数名以上で行うのが集団療法です。言語を用いる場合や特定の行動を形成しようとする場合には1対1，言語以外（たとえば芸術）を用いる場合には集団療法であることがよくあります。集団療法は精神科医のモレノによって創始されました。モレノは，自身の劇団をもつほど演劇好きでした。ある日，日頃は仲の悪い夫婦劇団員が舞台上でケンカを演じたところ，その後の関係が改善されたことに着想を得て，演劇を用いた心理療法を開発しました。それが心理劇（サイコドラマ）です。この技法はロールプレイ技法を含み，また集団療法の原型ともみなされます（第5節を参照）。モレノはまた，ソシオメトリーという手法も開発しています。これは集団に属する人々に他のメンバーに対する好き嫌いを尋ねるなどして，集団内部のお互いの凝集性や排他性を把握する手法ですが，現在ではその直接的な尋ね方などが倫理的に問題ありとされることが多く使用頻度が減っています。

　何を媒介にして心理療法を行うのかにもさまざまな違いがあります。言語，行動，サイン（記号），そして芸術といったものが心理療法で用いられます。芸術の場合には，音楽，演劇，絵画など多様です。言語を用いる場合には会話によるものが多く見られます。日記や手紙というコミュニケーション手段を媒介にするものもあります。

第1章　心理に関する支援を行う

心理検査の種類

心理検査をその対象でいくつかに分ければ、知能、性格、適性、精神症状（抑うつ度や妄想の内容）などとなります。子どもの発達状態の把握や老人の認知症の把握のためにも検査は用いられます（第5章を参照）。

形式から考えれば、アンケートを渡して本人に答えてもらう質問紙法、対面方式で質問に対する回答を得る対面問答（面接）法、子どもが遊んでいる様子を観察者が見て評定する評定法、数字の足し算などを行ってもらう作業検査法（内田クレペリン精神検査など）、曖昧な図形などを見たり書いたりすることで検査を行う投影法（ロールシャッハ・テスト、バウムテスト）などがあります。性格、知能、適性の検査は、質問紙法や対面問答法で行われることが多いです。

知能検査は最初、個人で対面式のものとしてつくられました。フランスの心理学者ビネは、年齢によって子どもたちの認知的水準が異なること（簡単にいえば成長）を利用して、標準的な知的発達との差異を手がかりにして知能の現状をとらえようと考えたのです。

知能検査はその後に集団式のものもつくられました。また、ウェクスラー型知能検査においては、言語性検査と動作性検査という2つの領域があり、言語性IQと動作性IQを算出することができます。

性格検査には多様な種類があります。アイゼンクが開発したモーズレイ人格目録（MPI）は神経症傾向と内向性－外向性という二次元をとらえるために開発されました。ミネソタ多面的人格目録（MMPI）は550項目からなるもので性格をプロフィールとしてとらえ

アルフレッド・ビネ

るものです。

投影法は明確なかたちをもたないものを人がどのように体制化して知覚するのか，に着目します。そうした知覚を想像力の産物として理解するのではなく，個人の内的な要因（知覚形式や恐怖，欲望，期待，動機など）に由来すると考えるのです。有名なロールシャッハ・テストは10種の「インクのシミ図版」によって構成されています。マレーの主題統覚検査（TAT）は図形ではなく人物が描かれている曖昧な場面の絵を用いています。回答者がつくる物語は自身の欲求と他者や環境からの圧力によって影響されるという理論をベースに，社会的動機を理解する検査として広く使用されています。バウムテスト（樹木画テスト）はコッホによって体系化された投影法であり，「実のなる1本の木を描いてください」とだけ教示を与えて，その描画によって性格や適性を判断するものです。

> **精神病──精神医学的見方と精神医学的診断基準**

心理学の一部として臨床心理学があるように，医学の一部として精神医学があり，そこで精神の病理を扱っています。精神医学では現在，質問方法や評価方法を一定のやり方で行う操作的診断基準が花盛りです（後で説明するICDやDSMがそれにあたります）。近代精神医学において精神病の分類体系を打ち立てたのはクレペリンです。彼は定評ある精神医学のテキストを執筆し改訂し続けましたが，その第4版以降，早発性痴呆（現在の統合失調症）と躁うつ病（現在の双極性障害）を異なる内因性精神病として分類する体系を提唱しました。統合失調症は人口の1％ほどが経験するものです。その症状には陽性症状（妄想，幻聴，混乱，興奮）と陰性症状（感情鈍麻，思考・意欲減退）があります。躁うつ病は，気分・感情や意欲が落ち込んだり（うつ），逆に昂進されたり（躁）するものです。躁とう

第1章　心理に関する支援を行う　31

つを繰り返す場合には躁うつ病といいますが，うつのみを繰り返すうつ病のほうが，圧倒的に多く，日本では人口の 10% が経験するものです。うつ病はありふれた病気であり，「アタマの風邪」「心の風邪」と表現されることさえあります（風邪が万病のもとであるのと同じように，うつ病もありふれているからといって侮ってはいけないことはいうまでもありません）。

　精神病の原因は特定されていません。したがって，病原菌や病因によって診断をすることができません。そこで，精神医学においては，症状のチェックリストのようなものを用いて，特定の精神病かどうかを診断しています。現在有名なのは世界保健機関（WHO）による ICD（国際疾病分類）とアメリカ精神医学会の DSM（診断と統計のためのマニュアル）です。2019 年現在，ICD は第 11 版（ICD-11：2018 年）が，DSM は第 5 版（DSM-5；2013 年）が用いられていますが，つねに改訂のための研究が行われています。

　DSM-5 がどのようにその前の版（DSM-IV）から変更されたのか例を 1 つだけ見てみましょう。DSM-5 では，『双極性及び関連障害』と『抑鬱障害・鬱病性障害』が明確に区別されています。しかし，DSM-IV では，これらは『気分障害』という 1 つのカテゴリーでまとめられていました。少し俗っぽく説明すると，DSM-5 では，双極性障害とうつ病を異なる病気として診断しますが，以前は診断名としては同じものとして考えていたということになります。研究の結果，両者が異なるものであるとわかったのです。

　以下の節では，おもな心理療法について解説していきます。

2 精神分析，催眠，短期療法

フロイトの考え方

精神分析は，臨床心理学のルーツとしては比較的古いものの1つです。

精神分析の創始者であるフロイトが扱ったのはヒステリーとよばれる現象でした。原因がわからないのに身体が硬直したり，ある行動だけができない（たとえばコップで水を飲めない）などという症状で苦しむ人がいるとき，その現在の姿だけに注目するのではなく，その人が生きてきた歴史を重視すべきだと考えたのがフロイトの理論です。そして本人が意識しない無意識の世界を知ることで，その症状が消失すると考えたのです。少しレベルは異なりますが，「好きな女の子にいじわるする男の子」というのを考えてみましょう。本人は女の子のことを好きだという意識はありません。むしろ嫌いだからいじめているとさえ思っています。しかし，あるときに「好きなんだ」と思ってしまうと，もういじわるすることはできなくなります。こういうメカニズムをフロイトは考えたのです。

フロイト以降の精神分析

フロイトの理論は単なる心理療法論・精神医学の学説であるだけではなく20世紀の思想を書き換えたとさえいわれますが，それは弟子たちが非常に多くの考え方を批判的に継承して発展させたからでもあります。フロイトが最も期待をかけていたユングは，分析心理学という独自の体系を，アドラーは個人心理学という体系をそれぞれつくりました。

フロイトの考え方に基本的に添いながらも独自の継承を行ってい

第1章 心理に関する支援を行う　33

ジークムント・フロイト

るのは，新フロイト派，自我心理学，対象関係論などです。新フロイト派はフロイトの生物学志向を批判し，社会的存在としての人間という視点を強調します。対人関係を重視したサリヴァンや，『自由からの逃走』によって独自の社会分析を行ったフロムなどがいます。自我心理学はフロイトの娘のアンナ・フロイトやハルトマンらによって発展しました。アンナ・フロイトは児童を対象にする心理療法を開発しました。この流れには，イギリスのボウルビーによる母子関係研究や自己同一性に注目したエリック・エリクソンがいます。

エリクソンは，人間の一生を8つの漸成的（epigenetic）な発達段階に分け，各段階には固有の心理・社会的な課題があると考えました。有名な「自己同一性 対 自己同一性拡散」は青年期の発達課題としてエリクソンが提唱したものです（第4章を参照）。

催眠から短期療法へ

フロイトの精神分析はもともとフランスの精神科医シャルコーの催眠療法から派生したものだと考えられますが，催眠は精神分析にだけ受け継がれたわけではありません。新しいかたちでの催眠療法も行われており，ミルトン・エリクソンがその代表的な人物です。彼は，精神医学者であり催眠療法家として知られます。精神分析が長い間の治療を行うのに対し，エリクソンやその弟子たちは，催眠を利用した短期療法派を形成します。短期かつ効果が明確ということが臨床心理学に求められるようになってきたからです。このことは近年のエビデンス・

ベースト（証拠に基づく）臨床心理学という風潮と合致しています。

3 行動療法，認知行動療法

行動主義と行動療法　　人が経験する苦痛や苦悩を「行動」として
とらえて，その改善や消去を目指すのが行
動療法です。行動療法は広義の学習理論（パヴロフによる古典的条件
づけのメカニズム，ワトソンによる恐怖行動の条件づけ実験，スキナーの
行動形成と消去の考え方：第7章を参照）などに基づいており，恐怖症
など神経症レベルの行動を消去するのに有効であり，効果の有無の
検証が容易だという特徴があります。

　行動主義を唱えたワトソンは，新生児の観察を行うことで，子ど
もたちが先天的にではなく経験によってさまざまな行動を獲得する
ことを見出しました。また，恐怖のような感情も，後天的に獲得さ
れるものだと考えていました。たとえば，ある物に対して，もとも
とはよい印象をもっていたとしても，それがよくない出来事と一緒
に対提示されれば，やがて，物それ自体が苦痛の原因だと思われる
ようになります。ワトソンとレイナーは，アルバート坊やに白いネ
ズミを提示し，その後に大きな音を聞かせることによって，少年が
ネズミを怖がっていくプロセスを示しました（第4章の図4-1を参
照）。つまり，何かに対する恐怖は過去の経験に基づくものであり，
そうであるとしたら消去することも可能だとしたのです。これは行
動療法の考え方の基本です。

　新行動主義者の1人であるスキナーは，行動の種類として，レス
ポンデント（受け身的行動）とオペラント（自発的行動）は違うのだ
と整理し，自分は後者を対象にすると宣言しました。オペラントと

第 1 章　心理に関する支援を行う　　35

ジョン・ワトソン

いうのは難しい語ですが、その行動が何かに作用する、働きを及ぼすような行動である、という意味です。

オペラント条件づけを応用したのが行動形成という手法（応用行動分析ともいう）であり、ある種の行動獲得を正の強化に基づいて行っていくものです。まずベースラインの行動の生起の仕方を見て、ある種の介入をして、何が強化子として働くのかを確認しながら、好ましい行動を増やしていくのです。

この方法の欠点は、何がよい行動なのかという価値が定められていないとできない、ということですが、その利点は言葉を介さなくても使用できるので重度知的障害者への介入も難しくないことであり、特別支援教育その他における支援の技法として一定の地位を得ています。

認知行動療法

認知行動療法は行動療法から発展してきたものです。ベックが行ったうつ病に対する認知療法などが初期の形態です。認知行動療法では顕在する行動の変容や消去だけではなく、予期、判断、信念、価値観などについても対象とするところに特徴があります。

学校や会社に行けないで困っている人のことを想定してみると、「学校（会社）に行けない」という行動的側面、「学校（会社）に行こうとするとつらい」という情緒的側面、「学校（会社）に行けない自分はダメ人間だ」という認知的側面が絡んでいることがわかります。つまり、行動だけ学校に行けば後はどうでもよいということ

でもないし，学校に行かなくてもダメ人間じゃないんだから大丈夫と開き直ってずっと家にいればいい，というわけにもいかないことが多いのです。

　学校に行けないことの不利益や不適応状態を総合的に考え，しかも，個別にできることを改善していく，ということが認知行動療法の特徴であり，カウンセラーは，クライエントのよき導き手として存在することが大事です。何が問題なのかを記述してもらい，獲得可能な行動群に切り分け，ときにカウンセラーがモデルとなり行動獲得を支援し，クライエントの活動の評価をしていくことになります。

　治療技法としては，行動的技法と認知的技法を用います。精神分析のように過去の経験を対象に治療することはありません。

　1つ事例を見てみましょう。鈴木ら（1999）からの事例です。可能な限り簡略にしました。

Case

　クライエントとその主訴：Aさん，25歳会社員女性「腹痛，吐き気，頭痛，全般的な自信喪失感，対人場面における不安，過緊張」があります。Aさんは，そもそも人と話すことや対人関係を築くことが苦手です。会社の朝礼時の3分間スピーチもいやで，休んだり取引先に行くなどと嘘を言ってさぼっていましたが，それがばれると，それが原因で周囲からいじめられるようになりました。頭痛，吐き気などの身体症状が現れるようになりました。

　診断：DSM-IVにより，社会不安障害を背景とする会社不適応と診断されました。

　治療経過：まず2カ月休職し，その間に1週間1回のカウンセリングを行いました。最初の4回で，情緒的側面，行動的側面，

第1章　心理に関する支援を行う　37

認知的側面の問題点を洗い出しました。情緒的に不安が強く，行動的にはコミュニケーション・スキルの不足，認知面では否定的自己評価，などが見られました。そこで，9つの場面（上司との会話，取引先との電話，先輩社員への頼みごとの場面等）について，カウンセラーがよい手本を示すロールプレイを行い，それを見た後にクライエントもロールプレイを行ってみました。ロールプレイを重ねるに従って，「話す内容を整理してから話す」「どのように話すかリハーサルする」，など自分なりに整理をして行為ができるようになりました。それと同時に「何とか話せそうだ」「いつも完璧でなくても良いんだ」，といった自己卑下とは逆の考え方も生まれてきたため，休職期間が終わると会社に復帰しました。その後は半年間週1回のカウンセリングを行うことにして，悪化が見られなくなり，安定した1年後に終結となりました。

認知行動療法では，実証的なデータを重視します。

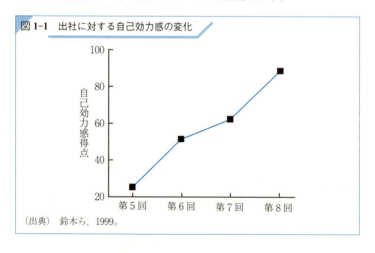

図 1-1 出社に対する自己効力感の変化

（出典）鈴木ら，1999。

図 1-1 はロールプレイを始めた後の自己効力感得点の変化を示したものです。自己効力感とは，社会的学習で著名なバンデューラによって提唱されたもので，自分が自分の行動やまわりの人や物事に対してうまくやれそうだと思う感覚のことです。このグラフを見ると，ロールプレイによる行動の学習が，自己効力感を高めていくことがわかりますし，A さん本人にとっても，変化が実感できるため，会社に復帰するという判断もできたのです。カウンセラーがA さんに対して適切な評価・励ましをしていることも重要なポイントです。

4 カウンセリング，人間性心理学

ロジャーズと
カウンセリング

フロイトの精神分析は，関わっていた人の多くが医師だったこともあり，原因の追究と介入治療という「医学モデル」が基本になっていました。行動療法は行動のみに焦点をあてその形成や消去のみを扱うという意味で，「原因 − 結果」にこだわる因果モデルです。こうした医学的見方，因果的見方から離れ，（治療するのではなく）個人の成長を促すことによって，人間が本来もっている力を高めていくような関わり方を重視したのがロジャーズです。彼は自分の前に現れた人を患者ではなくお客様として接するべきとして，patient（患者）にかえて client（クライエント）という語を用いることにしました。カウンセラーとクライエントの会話によって，自己について洞察を深め，それによって心理的な成長を促し，結果として心理的苦痛が除去されることを目指すというのがロジャーズ流カウンセリングの基本的な考えです。彼の心理学は行動主義や精神分

第 1 章　心理に関する支援を行う　39

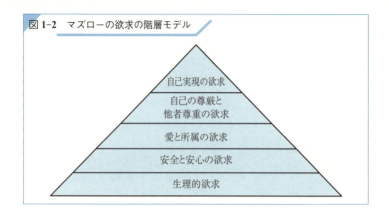

図1-2 マズローの欲求の階層モデル

析のように過去を重視する人間観ではなく，未来志向性が強い心理学であるため，マズローらの心理学とともに「人間性心理学」とよばれることになりました。

マズローと自己実現

マズローは人間は自己実現に向かって絶えず成長する生きものであると定義し，人間の欲求を5つの水準で考えるべきだとしました（図1-2）。

マズローはより低次の欲求が満たされることで，上位の欲求が満たされると考えていました。最近でも世界中では内戦などの紛争がありますが，そういう地域では，「生理的欲求」と「安全と安心の欲求」が満たされていないため，それを満たすためにただひたすら戦うという矛盾が起きてしまっています。最近の日本では，能力主義的な考えが広まり，自分の力量をつければ望ましい生活ができるという考えの人も多いですが，マズローによればそれは誤りで，「愛と所属の欲求」を満たすことで，「自己の尊厳と他者尊重の欲求」が生まれるといいます。つまり，自分の居場所が明確にならないと，自分への評価も高まらないし，他者を尊重しようという気に

もならないということです。単なる職業訓練だけで自尊心は高まらない、ということをいっているのであり、失業者対策・雇用政策に対して考慮すべきことかもしれません。マズローによれば、「自己実現の欲求」はそれ以前の階層の蓄積の上にあるのであり、学校、部活（サークル）、アルバイトなどで、自分さえよければいいのだ、というかたちで自己実現を達成しても、それは真の自己実現ということにはならない、ということを暗示しているのです。

5　集団療法，家族療法，芸術療法

　多くの心理療法では，する人とされる人（サービスを提供する人とサービスを受ける人）の1対1の関係で行うことが多いですが，それ以外の形式も存在します。

集団療法　集団療法は，文字通り集団で心理療法に関わることです。たとえば心理劇（サイコドラマ）は，ルーマニアの精神科医モレノによって開発されたものです。

　モレノは精神分析に興味をもちながらも，即興劇に興味をもっていて，自分の劇団をもっていました。あるとき，劇団員の夫婦が，家庭での不和をもとに即興的に劇を行ったところ，その劇の後には夫婦仲が改善したという出来事がありました。モレノは演劇において行為や感情を出すことが何らかの治療的意味をもつと考えて，心理劇を体系化していったのです。似たような活動にロールプレイがありますが，これは劇ほどの規模をもたず，数名で役割や行動などを決めたうえで演じることです（弁護士，臨床心理士の面接の訓練など

第1章　心理に関する支援を行う　41

にも用いられます）。ロールプレイは心理劇に比べ，心理療法としての効果は限定的なものです。

心理劇の指導者は監督（ディレクター）とよばれ，おおまかな筋や配役を決めていきます。普通の演劇とは異なり，細かい筋書きや台本はなく，その意味で即興劇です。演じる場面は何らかの葛藤や対決場面を含むものです。たとえば，自分が遠足を明日に控えた日に弟が入院しました，妹はまだ乳飲み子です，父や母に自分の面倒をみてほしいけれど，長子として我慢しなければならない……，というような状況をつくり，父母，教師，弟，自分などの役を割り振って，そこで即興的に生じる出来事を演じていくのです。

劇を行う前には，ウォーミングアップとよばれる準備段階を行うことが（たとえば，待ち合わせに遅刻した場面を想定したロールプレイなど），劇を行った後には全員で感想を言い合う「シェアリング」を行うことが，それぞれ必要です。

家 族 療 法　家族療法は，個人ではなく家族全体を対象とする心理療法です。通常の心理療法では，問題を抱えた人，不適応状態の人，精神病を発症した人について，その原因を個人の内部に求めますが，家族療法では，誰かが問題を抱えたということはその人が所属するシステムとしての家族の問題だと考えます。あるいは，その家族の構造が新しく生まれ変わるチャンスだと考えるのです。家族療法の泰斗であるホフマンは，家族の一員が何か問題を抱えたときは，家族が外部から情報を必要とし，新しい関係を発展させることができるときだと考え，個人の治療ではなく，システムとしての家族のあり方を考えるべきだとしたのです。

42　　第I部　身近に感じる心理学

| 芸術療法 |

芸術療法は，芸術を媒介にして（ツールにして）行う心理療法の総称であり，絵画，音楽，舞踏，コラージュ，俳句などさまざまなものが使われます。その用途も精神安定を図るものから非行少年の矯正まで幅広く使われています。音楽療法について，その例を次節の非行臨床で紹介します。

6 子ども，学校，非行をめぐる臨床心理学

| 子どもを対象とした臨床 |

子どもを対象にした心理療法では，子どもが言語的に未熟であることが多いため，言語を用いない芸術療法（特に絵画）などが多用されます。また，遊びを通じてさまざまな不安が表現されるため，プレイセラピー（遊戯療法）が用いられます。大人であれば，言語によって親しい人に相談したり，酒を飲める人は飲んで発散したりカラオケで暴れたりできますが，子どもは自分の状態を反省的にとらえることが難しいですし，ましてやそれを言語で他者に伝えることも難しいものです。そこで，絵画や遊びといった手段を用いる必要があるのです。

| 学校心理 |

スクールカウンセリングとは，児童・生徒の心理的な発達を援助する活動であり，「心の教育」や「生きる力を育てる」などの学校教育目標と同じ目的をもつ活動であると定義されています（文部科学省）。日本では専門のカウンセラーが常駐している学校は少ないのですが，カウンセラーがいる学校では教師と連携をとりながら，子どもたちを総合的

第 1 章　心理に関する支援を行う　43

に支えています。いじめなどの問題に対処するだけでなく個人的な悩みやキャリア形成などの相談に乗ることもあります。いずれの職場でも多職種による連携が望まれています。

国の事業としてのスクールカウンセラーについては，文部科学省の 2019 年度予算概算要求において全国の全公立小中学校 27500 校に配置のための予算が要求されました。

非行臨床

非行少年（少年とは 20 歳未満のこと）の処遇にはさまざまなレベルが存在しますが，被害者が死に至るなど重大な非行を犯した少年は少年刑務所に収容されます。非行臨床は他の臨床心理学領域と異なり，クライエントがみずから解決を求めているということが少ないという特徴があります。むしろ最近では，「自分が傷ついていること」への自覚のなさが少年を犯罪にかりたてるという指摘もあり，事件の重大性と動機の希薄さに大きな乖離も見られています。したがって，少年刑務所を含む非行臨床では，犯罪を振り返ることを通じて，あるいは受刑生活を送ることで，過去の自分について洞察を得て，また，それを自己の成長につなげることが求められています。こうした目的のために用いられるのが心理療法ですが，家族療法ならびに集団療法が並行して行われ，心理劇，内観療法，役割交換書簡法ともよばれるロール・レタリングなど，多様な心理療法的アプローチが行われているのが現状です。以下では松本（2009）の音楽療法の事例を簡単に説明してみます。

Case

5 カ月間，少年受刑者 6 名が月 2 回の頻度で 10 回にわたって音楽療法に参加しました。最初の 3 回は関係づくりを目的とし，

ドラム練習やアンサンブルというかたちで自分が扱える楽器を用いて合奏を行いました。4回目から自分の「大切な音楽」をグループで話し合いました。このことを通じて，同じ曲でも，人によって感想が違うのだということが理解されてきました。そして，当時聴いていた曲を媒介にして事件を起こしたときの自分を内省し，それを他者に伝えるようになっていきました。9回目にはみんなで演奏・合唱を行ったのですが，ある参加者は「歌うことがこんなに楽しいものだとは思わなかった。いろんな性格をもった人が1曲であんなに一体になれることに驚いた。あらためて音楽の『力』に驚かされた」などと述べました。10回目で最終の話し合いをして終了しました。

音楽を媒介にして，少年受刑者たちがお互いの関係をつくり，自身の過去を振り返り未来を展望していくということが可能になっていることがわかります。「自己を反省し友達と仲良くしましょう」ということだけを言っていたのでは，非行少年たちにはまったく響きません。音楽を媒介にすることで，こうしたことが可能になっているのです。ただし，音楽療法がすべての少年受刑者に有効だというわけではないことには注意を要します。指導者の力量も必要です。導入を丁寧に行い，ノリが悪い段階でも集団を維持する力量が必要であり，その力量は固有の芸術の力（音楽，絵画，俳句など）と心理プロセスの理解の力，の両方に根ざしたものです。

第1章　心理に関する支援を行う　45

7 予防や健康の増進とポジティブ心理学

　公認心理師という資格が，国民の心の健康の保持増進に関心を寄せていることから，心の健康が悪化する以前の介入（＝予防）や，悪い状態から良い方向へ高めるだけでなく，心の健康状態をよりよい状態へ高めることへの関心も高まっています。

　こうした動向に合致するのがポジティブ心理学です。ポジティブ心理学はマズローの人間性心理学に源流がありますが，現在の主唱者の一人がセリグマンです。セリグマンは学習性無力感（無力な状態を学習することができること）を学説化したことで有名ですが，あるきっかけから，それを180度転換し，人が幸せな状態になることを目指す分野をつくり上げました。

　人それぞれの強み（ストレングス）に着目したり，何かに没頭する経験（フロー体験）を重視したり，失敗などの後の回復力（レジリエンス）に注目したりする心理学は今後も発展していくことと思われます。

46　第I部　身近に感じる心理学

第2章 性格は変えられるか

性格と個人差の心理学

Introduction

　自分の性格のことで悩んだことがない，という人はよほどの自信家でない限りいないでしょう。また，自分のまわりの人々の性格について考えたり，気になったりすることも日常的によくあることです。自分や他者の性格が1人ひとり違っていて，それが自分と他者との関係に大きな影響を与えていることは常識以前の事実と考えられているといってよいでしょう。

　それだけに私たちは，特別な能力や技術がなくても自分の性格や他人の性格についてそれなりに知っているし，理解していると考えています。また，さまざまな性格判断法や性格占いも，私たちの性格理解を助けてくれるように思えます。そうした性格についての常識はどこまで正しいのでしょうか？私たちは自分や他人の性格をわかっているといえるのでしょうか？

　もちろん「性格」や個人差の問題は心理学にとっても重要なテーマであり，それを扱うのが「性格心理学」とか「人格心理学」といわれる研究分野です。本章では，性格心理学の研究から明らかになったことをもとに，人の性格と個人差について考えていきましょう。

1 性格とは何か

　人間は体格や顔など外見に大きな個人差があり，まったく同じ外見の人を見つけることはまずできません。同じように，私たちの行動にも個人差があります。宴会などであまり知らない人とでも気軽に話せる外向的なサトウ君と，人見知りで親しい人としか話さないスズキ君がいるとき，私たちは2人の性格が違う，と感じます。そうした個人差は時間が経っても大きく変わらないし，時間が経つと変化する場合はそれを性格とは感じません。サトウ君は別の宴会でも同じように外向的だろうし，ある宴会でサトウ君が珍しくおとなしくしていても，それは「たまたま」であって，サトウ君の性格が変わったとは思いません。こうしたことから性格とは，人の行動に現れるその人独特の特徴で，時間が経っても大きく変化しないようなものをいうことがわかります。

性格と適応

　　　　　　　　　　見方を変えると，性格とは人が自分を取り巻いている環境に適応し，自分なりに気持ちよく生きるためにつくり出している行動のレパートリーであるともいえます。人がたくさんいる宴会という状況に対して，サトウ君はできるだけ多くの人と仲良くなることで適応しようとしているし，スズキ君は親しい人と話すことで適応しようとしているのです。

　一般に「悪い性格」と思われるような性格も，それが適応のためのレパートリーであることに変わりはありません。サトウ君が意地悪で陰険な性格だとして，それがもしサトウ君の対人関係に悪い結果ばかりもたらすなら，そうした性格は維持されないでしょう。サ

48　第I部　身近に感じる心理学

トウ君の暮らしている環境の中に，他者に意地悪に接したほうが自分の適応に有利な要素が必ずあるはずです。

性格，気質，
パーソナリティ

性格を表す心理学用語としては，性格のほかに気質，パーソナリティ（人格）などがあります。気質という言葉は，性格の中でも先天的・生得的で，新生児にも見られるような行動の個人差を指してよく用いられます。

いっぽう，性格とパーソナリティ（人格）の違いはそれほどはっきりしておらず，ほとんど同じ意味で用いられることが少なくありません。しかしあえて2つを区別するとすれば，性格という言葉は前にも述べた「行動に現れる個人独特で持続的なパターン」，私たちの目に見える性格そのものを指すのに対し，パーソナリティという言葉は性格そのものだけでなく，そうした性格をつくり出す生物学的・心理学的・社会的なしくみ全体を指して用いられることが多いようです。オールポートは「パーソナリティは，個人の内部で，環境への彼特有な適応を決定するような，精神物理学的体系の力動的機構である」と述べています。

2 性格心理学の歴史

性格やパーソナリティが現在のように心理学の主要な研究テーマになったのは，じつはそれほど昔のことではありません。もちろん，人の性格に関する論考や研究，つまり性格学は大昔からありましたが，それが心理学の一部になってからはまだ100年も経っていないのです。

第2章　性格は変えられるか　　49

古代の性格学

人の性格についての論考で現存する最も古いものに，いまから2300年ほど前にギリシャの哲学者テオフラストスが著した『エチコイ・カラクテレス（人さまざま）』があります。この中でテオフラストスは当時のギリシャ市民に見られたさまざまな性格について生き生きと描写していますが，「へつらい」「無駄口」などそこに描かれた性格はどれも現代の日本人にもごく普通に見られるものです。同じ頃，ギリシャのヒポクラテスやローマのガレノスは人の体内を流れる4種類の体液との関係から性格の分類をしており，この考え方（四体液説）はヨーロッパの性格観にその後長い間影響を与えました。

近代の性格学

近代になると，人の顔つきから性格を分類しようとする相貌学，頭蓋骨のかたちから性格を読み取る骨相学，書いた文字から性格を見る筆跡学などが流行します。これらは現在から見れば科学的根拠の薄いものですが，顔や骨格，筆跡など誰の目にも見える特徴から性格を客観的・科学的に分析しようとしたことには大きな意味があります。

19世紀になるとイギリスで統計学が発達し，ゴルトンらを中心に人のさまざまな特性を統計学的に比較するなかで，性格を数量的に測定しようとする流れが生まれます。いっぽう，ドイツでは精神医学者たちが精神障害と深く関係する精神病質性格や異常人格の研究を発展させました。また，オーストリアのフロイトは，人の性格を無意識と関係づけて考えました。

パーソナリティ心理学の誕生

こうした歴史を踏まえた性格の心理学が生まれたのは1930年代のアメリカです。オールポートはそれまでの性格に関する論考

50　第I部　身近に感じる心理学

や研究を統合するとともに，性格を生み出す心理学的なしくみを分析する学問としてのパーソナリティ心理学を提唱し，はじめて性格を心理学の重要な研究対象と位置づけました。パーソナリティ心理学は当時のアメリカ社会が血縁や階級でなく実力や人柄で人を評価し登用するしくみをつくりつつあったことと連動して，1940～60年代にかけて爆発的に発展し，さまざまな性格検査・性格テストが開発され，普及していきました。第二次世界大戦後に日本に入ってきたのもそうしたパーソナリティ心理学であり，現在の性格心理学はパーソナリティ心理学の流れをくむものといってよいでしょう。

3 性格をとらえる枠組み

　性格について理解するためには，まず1人ひとりの性格をとらえ，記述する（言葉や記号で表す）ことが必要です。性格をとらえるために用いられる枠組みには，大きく分けて類型論と特性論があり，性格をとらえる目的や用途によって使い分けられます。

類型論の考え方　　人の性格を「イヌ型」と「ネコ型」に分けたとしたら，あなたはイヌ型でしょうか，それともネコ型でしょうか。このように，人の性格をいくつかのタイプ（類型）に分類して，その人の性格がどの類型にあてはまるか，ということから性格を記述しようとする枠組みのことを類型論といいます。星座占いや血液型性格判断（*Column②*を参照）が12の星座や4つの血液型によって人の性格を分類しようとするのも，それ自体には科学的な根拠はないものの，類型論的なアプローチといえます。

第2章　性格は変えられるか　51

性格の類型論には人の性格そのものの分類を基礎にしたものと，性格とは別の特徴を頼りにして性格を分類しようとするものがあります。前者の代表的なものに，ユングが性格を「内向型」と「外向型」の2つに分類した例があります。内向型は興味や活動が自分の内面に向きやすく，他者との関係をあまり重視しないタイプであるのに対し，外向型の興味や活動は外の世界に向き，対人関係を重視するタイプです。

いっぽう，先に述べた星座占いや血液型性格判断は星座や血液型という性格とは別の特徴から，それと結びついた性格を分類しようとするものです。こうした類型論が学問的に発展したものに，ドイツの精神医学者クレッチマーの体格による性格分類があります。

代表的な類型論　クレッチマーは精神障害者の治療経験から，人の体格に見られるタイプが特定の精神病と関係していること，健常者でも体格のタイプによって性格が分類できることを主張しました。クレッチマーによると，やせて細長型の体格の人には統合失調症が多く，健常者でも神経質で敏感な「分裂質」の性格と関係しやすいのに対し，肥満型の体格の人には躁鬱病が多く，健常者でも社交的だが気分の変わりやすい「循環質」の性格が生じやすくなります。また筋骨が発達した闘士型の体格は，粘り強いがときに感情が爆発しやすい「粘着質」の性格と結びつきます。クレッチマーの類型論は長い間にわたって精神医学の分野で影響力をもちましたが，とくに健常者の性格について実証的な根拠は少なく，最近ではあまり取り上げられなくなっています。同じように体格や体質から性格を類型化しようとした心理学者にはアメリカのシェルドンがいます。

また，心臓病などの循環器系の病気にかかりやすい人に特徴的な

52　第1部　身近に感じる心理学

行動パターンがあることが知られており，フリードマンらはそうした性格をタイプＡ性格とよんでいます。タイプＡの人は精力的で野心家，競争を好むワーカホリック（仕事中毒）型の人で，そうした行動特性やストレスが心筋梗塞や狭心症などの原因になっていると考えられます。

類型論の特徴　いうまでもなく，1人ひとり違う人間の性格が2つや3つの類型で完全に分類できるわけはなく，類型論的に性格をとらえるときには，必ず性格の細かい特徴のとりこぼしや切り捨てが起きます。しかし，そうした細部をあえて省いて性格の大きな傾向を分類することで，簡潔で直感的な性格理解を可能にするのが類型論の長所です。私たちが日常的に周囲の人々の性格をとらえ，理解しているやり方も類型論に近いことは，性格占いや雑誌などの性格テストのほとんどが類型論に基づいていることからもわかります。

　しかし，性格の類型を数量的にとらえることは複雑な手続きとなり，そのことが類型論の科学的な研究や，類型論に基づいた性格アセスメントの開発を難しくしたため，とくに第二次世界大戦後の性格心理学では類型論の影響力は小さくなってしまいました。

特性論の考え方　性格をとらえるもう1つの枠組みが特性論です。結婚式の祝辞で「新郎は品行方正，純粋で仕事熱心なだけでなく，思いやりのある青年です」と述べている人は，新郎の性格を「品行方正」「純粋」「仕事熱心」「思いやりのある」という要素の組み合わせでとらえ，記述しています。このように人の性格を細かい要素の組み合わせからとらえようとするのが性格の特性論で，「仕事熱心」「思いやりのある」といったそれ

第2章　性格は変えられるか　53

ぞれの要素を性格特性といいます。

特性論では，性格をとらえるために用いる特性の数によって，人の性格を簡単にも詳細にもとらえることができますし，特性の組み合わせによって性格をさまざまな異なった側面からとらえることができます。特性論の提唱者といわれるオールポートは，性格特性を特定の個人だけがもち，他の人はもたないような個人特性と，誰もが大なり小なりもっていて，その特性をもつ程度によって個人と個人を比較できるような共通特性とに分類しました。

たとえば「持ち物の金属部分はつねに磨き上げていないと気がすまない」はある個人にはあっても，他の人にはほとんど存在しない個人特性です。いっぽう「熱心さ」は誰でもある程度はもっている共通特性であり，ヒトシ君は非常に熱心で，アラタ君はやや熱心であるが，ノゾミ君はほとんど熱心でない，といったような個人差をとらえるのに適しています。

共通特性のこうした特徴は，特性をもつ程度を容易に数量化できることにつながり，特性論の統計学的な発達を可能にしました。それぞれの熱心さをヒトシ君は5点，アラタ君は4点，ノゾミ君は2点と表せば，熱心さの度合いを数字で表現できるし，その数値の大きさを「熱心さの量」と見なして測定し計算することができます。1930年代以降，性格の数量的測定を特徴とした性格アセスメントが多数開発され利用されるようになりましたが，そうしたアセスメントの圧倒的大多数は特性論に基づいています（第5章を参照）。

> ### ビッグファイブの特性論
>
> 特性論の誕生以来，人の性格をとらえるのに有効な特性が無数に提唱され，それぞれを測定するアセスメントがつくられてきま

したが，いったいどのような性格特性の組み合わせが人の性格を最

表 2-1　ビッグファイブとそれぞれに属する特性の例

神経症傾向	外向性	開放性	調和性	誠実性
不安	温かさ	空想	信頼	コンピテンス
敵意	群居性	審美性	実直さ	秩序
抑鬱	断行性	感情	利他性	良心性
自意識	活動性	行為	応諾	達成追求
衝動性	刺激希求性	アイデア	慎み深さ	自己鍛錬
傷つきやすさ	よい感情	価値	優しさ	慎重さ

（出典）Costa & McCrae, 1992.

も総合的にとらえるのかという点についてはよくわかっていません
でした。そのため，特性の組み合わせによって同じ人の性格がさま
ざまに異なって記述されることが特性論の問題点とされてきました。

　たくさんの性格特性を比較検討し，似たもの同士はまとめて，特
性論による性格記述に必要な基本的特性セットを確定しようとする
試みは，特性論が生まれた直後の 1930 年代から繰り返されてきま
したが，1980 年頃になって性格特性は大きく５つの次元（かたま
り）に集約することができ，その５次元からまんべんなく抜き出し
た特性で人の性格をとらえれば，性格の全体をうまく記述できると
いう考えが有力になってきました。そうした考え方をビッグファイ
ブ（基本５次元）の特性論とよびます。

　ビッグファイブのそれぞれの次元の名前や内容は研究者によって
多少異なりますが，「神経症傾向」「外向性」「開放性」「調和性」
「誠実性」が挙げられることが多いようです（表 2-1）。

第 2 章　性格は変えられるか　　55

Column ② 血液型で性格がわかるか

さまざまな性格判断の中で最も流行しているものの1つに，ABO式の4つの血液型の違いで性格がわかるという血液型性格判断があります。血液型性格判断のもとになった血液型気質関連説は，1920年代に日本の心理学者・教育学者である古川竹二によって提唱された考え方で，少なくともその当時は科学的な性格理論と考えられており，古川の論文は内外の心理学専門誌に掲載されています。しかし，古川の説を強く支持する実証的な証拠が得られないまま，1940年代には忘れ去られてしまいました。1970年代になってこれを復活させたのは評論家の能見正比古で，彼が引き起こした血液型ブームは現在まで続いています。

血液型と性格との関係については最近も多くの研究が行われていますが，そこに血液型性格判断が考えるほどの強い関係があるという証拠は得られていません。このように血液型と性格の関係は科学的に検証可能ですから，血液型性格判断は非科学的ではありませんが，科学的ではあっても間違った仮説であると考えるのが普通です。では，実際にはあたっていない血液型性格判断で性格がわかるように感じるのはなぜでしょうか。

ここには人間の認知のしくみや認知のバイアスが関わっています。まず，血液型は4つしかないうえに，A型が4割を占めるなど比率が偏っているために，でたらめでも偶然にあたる確率が大きい。また血液型性格判断に書かれていること（たとえば「O型は買い物のときにあれこれ迷って決められないことがある」）は，よく考えてみれば誰にでも多少はあてはまることで，とくに血液型と関係なく「あたっている」と思いやすいのです。

血液型性格判断の知識は，それ自体があたっているという信念を強めます。「B型はこういう性格」という先入観をもっていると，その人の行動のうちB型の性格に合った部

古川竹二（家族の許諾を得て掲載）

分ばかりが目に入り，記憶されやすくなります。そればかりか，血液型性格判断を信じていると自分自身の性格が血液型に合ったものになってくるというデータもあります。

　次節でも述べるように，人の性格は遺伝と環境が複雑に絡み合ってできるもので，血液型を決める1つの遺伝子だけがそんなに大きく性格を決定することはありません。血液型を気にするのは輸血のとき以外は遊び程度にとどめてもらいたいものです。

4 性格はどうつくられるか

　人は年をとってくるとだんだん親に似てくるといいます。もちろん外見も似てくるのですが，それだけでなく性格も似てきたといわれることも少なくありません。子どもの性格が親に似てくるのは遺伝だと考えられることが多いですが，遺伝は性格にどのくらい影響するのでしょうか。いっぽうで，きょうだいでも性格が大きく違うこともよくあることで，遺伝がまったく同じ一卵性の双生児でも，性格はまるで違うことがあります。こうした違いには環境の影響が大きいですが，いったい環境は性格にどのように影響するのでしょうか。こうした性格の形成について，性格心理学が明らかにしていることを見ていきましょう。

遺伝と環境　心理学では長い間，性格や知能など，個人のもつさまざまな特徴や能力が形成されるのに遺伝と環境のどちらが大きな役割を果たすのかが激しい議論になってきました。遺伝を重視する立場は，個人の特徴が生まれつき

第2章　性格は変えられるか　　57

で決まるという遺伝決定論をとり，環境の影響や人間の変化を軽視しました。いっぽう環境を重視する立場は，新生児を白紙（タブラ・ラサ）のようなものととらえ，人間は生後の環境によってどのようにも変えられるものと考えました（第4章を参照）。

遺伝を重視する立場の最も極端なものが優生劣廃学（生まれつき優れた人間だけを生き残らせよう，劣った人間は淘汰しようとする考え方）であり，発達の遅れや障害がある人々にも適切な援助を用意しようとする特殊教育（現在の特別支援教育）の考え方と激しく対立しました。こうした極端な立場は，その当時はまだ遺伝のしくみや，遺伝が行動に与える影響がほとんど解明されていなかったこともあって，学説というよりは思想の対立のような不毛な論争を生み出してきました。

1950年代以降，遺伝のしくみが分子生物学的に解明されるとともに，遺伝が行動に与える影響が科学的に研究されるようになると，古い極端な立場はだんだん衰えて，個人の特徴や能力は遺伝の影響と，出生後の環境の影響が複雑に相互作用してつくられるという考え方が定着してきました。現在では，性格でも知能でも，遺伝と環境のどちらかが単独で支配的な影響を与えるとは考えられておらず，それぞれがどのくらいの影響をどこに与えるかを分析するとともに，遺伝と環境の相互作用のありさまを解明することが目標になっています。

性格への遺伝の影響　性格や知能への遺伝の影響を分析することをテーマとしているのが，行動遺伝学という研究分野です。行動遺伝学の研究から，人間の性格には遺伝がかなり大きな影響を与えることが明らかになるとともに，個別の性格特性の遺伝に関係する遺伝子も発見されはじめています。しかし，

58　　第1部　身近に感じる心理学

性格の遺伝は血液型の遺伝のように，特定の遺伝子型だけで100％決まってしまうような単純なものではありません。

ほとんどの場合，ある性格特性に影響する遺伝子は少なくとも数種類，ときには数十種類もあります。ある人が遺伝的に「明るい性格」になるかどうかは，「明るさの遺伝子」のようなもので決まるのではなく，たくさんの遺伝子の絡み合いで決まります。また，そうした多くの遺伝子は互いに相互作用して性格に影響するので，それらの中のたった1つに小さな違いがあるだけでも，結果としての性格が大きく変わってくることがあります。

行動遺伝学では性格の遺伝率はおよそ40％と考えていますが，これもこのようなたくさんの遺伝子の働きが全体として性格に与える影響が40％だというだけのことで，「性格の40％を決定する遺伝子がある」というような話ではありません。それだけでなく，遺伝の影響は性格の側面や性格特性によっても異なり，神経質や不安の傾向など，気質とよばれる側面では遺伝率が60％を超える特性がある一方で，対人関係や政治への興味，趣味嗜好などの側面では遺伝率は20％かそれ以下にすぎない場合もあります。

そうした生まれつきの20〜60％が，生まれてからは残り40〜80％の環境と，これもまた複雑に絡み合いながら性格を決めていきます。性格はたしかに遺伝の影響を大きく受けますが，かといって生まれつきだけで人の性格が決まったり，予測できたりするわけではないのです。

性格をつくる環境　性格に環境が与える影響も，やはり一筋縄ではいきません。一般に，性格の形成には家庭環境の影響が大きいと考えられており，親の養育態度（育て方やしつけ）が性格に与える影響が古くから研究されてきました。と

第2章　性格は変えられるか　59

ころが行動遺伝学によるきょうだいの性格研究では，親の養育態度などきょうだいが共通して経験する環境（共有環境）よりも，学校や友達関係などそれぞれ別々に経験する環境（非共有環境）のほうが，性格に大きな影響を与えることがわかっています。親の育て方が性格に与える影響は，常識的に考えられるよりも小さいようです。いっぽう知能では共有環境の影響が大きいとされており，知能と性格とで環境が与える影響に違いがあります。

　発達心理学者のハリスも，性格の形成に児童期から青年期の社会的環境が与える影響の大きさを強調しています。もちろん，親の養育態度や家庭環境が性格に与える影響も無視できませんが，子どもたちの性格は家庭だけでなく，学校や友達関係の中で，誰とどのようにつきあうか，そこでどんな経験をするかに大きな影響を受けて形成されていくのです。

精神力動と性格

対人関係の中では，自分の意思や欲求をつねにそのまま出していてはうまくいかないし，ストレスや欲求不満にもうまく対処しなければ適応していけません。そのため，人はそうした欲求の処理のしかたや，欲求不満への対処のしかたをそれぞれに発達させていきますが，そうした心の働き（精神力動）の個人差も，性格の形成に大きく影響します。

　欲しいものがあるときにジャイアンのように他の子から取り上げるか，スネ夫のように親に買ってもらうか，のび太のようにドラえもんに頼るかはそれぞれの子のおかれた環境によって変わってきますが，そうした選択肢が繰り返し利用されることは，その子の性格にも大きく影響します。ジャイアンとのび太の性格の違いは，それぞれの適応のしかた，適応のための精神力動の違いでもあります。

　青年期に入ると「自分はこういう人間だ」「こういう人間になり

60　　第I部　身近に感じる心理学

たい」という自己イメージや理想自己が形成されてきて，それも性格に強い影響を与えます。自己イメージに合った行動が選ばれ，そうでない行動は避けられるようになり，結果として個人がどのような自己イメージをもつかが行動の個人差を生み出すようになるからです。その意味で，青少年が肯定的な自己イメージをもつことはとても大切です。

5 モード性格と性格変容

ネットで「性格」をキーワードに検索すると，「性格は変えられるか」「性格を変えるには」というように，性格の変化を扱ったページをたくさん見つけることができます。性格が変えられるかどうかがこれだけ話題になること自体，「性格は変わらない」「性格は変えられない」と考えることが常識であることを示しているといえます。

たしかに，私たちは自分の性格や，身のまわりの他者の性格がそう簡単に変化するとは感じていません。それでは，性格心理学は性格の変化についてどのように考えているのでしょうか。

性格の一貫性と変化　歴史的に見ると，性格心理学ももともとは「性格は変わらないもの」と考えてきたことがわかります。たとえばクレッチマーの体格による性格類型でも，彼が考えた基本的な体格は生得的で簡単に変化するものではなく，そのことは性格も変わりにくいことにつながります。さまざまな性格アセスメントも，性格を測定した時点と，その結果からその人の性格を理解したり行動を予測したりする時点とで性格が変わってい

第2章　性格は変えられるか　　61

たら何の役にも立たないわけですから，性格がある程度長い間変わらないことを前提にしています。

ところが，アメリカのミッシェルはたくさんの実証的なデータから，人の性格には一貫性はあまりなく，状況によってどんどん変化するものであると主張しました。この主張はそれまでの性格心理学の前提とも一般常識とも大きく食い違っていたため，一貫性論争といわれる大きな論争を巻き起こしました。論争の結果，性格というものそのものについてのとらえ方や定義は大きく変化しました。

性格が変わらないように見える理由　一貫性論争は 1990 年代までに，基本的にミッシェルの主張を認めるかたちで収束し，人の性格は状況によって大きく変わるものだ，と考えることが性格心理学では通説になっています。性格は変わらないという常識と，性格に関する実証的なデータがここまで大きく食い違うのはなぜなのでしょうか。

1つに，私たちが人の性格を知るもとになっている情報のもつ特徴があります。私たちは他者の性格を，ごく限られた状況での観察をもとに理解しています。同級生のマツモト君の性格は大学にいるときの観察から知っていますが，マツモト君が実家で親と一緒にいるとき，あるいはアルバイト先での行動を観察するチャンスはほとんどありません。もしマツモト君の性格が状況によって大きく変わっていても，それに気づくことはなかなか難しいのです。それでは自分がマツモト君の実家に訪ねていって観察すればよいかというと，それではいつもの実家とは状況が変わってしまう。自分のいない状況での他者の性格は観察できないということです。

いっぽう，私たちは自分についてはつねに観察できるのだから，性格の変化に気づいてもおかしくありません。ところが，状況によ

62　　第 I 部　身近に感じる心理学

って自分の性格が大きく変わっても，それは「自分は自分である，変わらない」という「自己同一性（アイデンティティ）」の強い意識の中で統合されてしまうのです。こうしたことから，私たちが「性格は変わらない」と信じているのはある種の錯覚であるともいえます。実際の性格はいろいろな場面や状況に応じて変化しているのです。

モード性格　性格の変化には大きく分けて2つのパターンがあります。1つは日常生活の中で経験するさまざまな状況に合わせた性格の変化で，これをモード性格といいます。会社では思いやりがあるが怠け者と思われているヤマダさんが，趣味のテニスでは見違えるように熱心に練習に励む，自宅では妻に思いやりのない言葉ばかり吐く，というようなことは珍しくないことで，モード性格の一例です。状況に合わせて性格を変えることで，それぞれの状況によりよく適応しようとする心の働きです。

　モード性格の特徴は，それぞれの性格が状況と連動していること，そして状況が戻れば性格ももとに戻ること（可逆性）です。ヤマダさんが会社にいるときに突然テニスのときの性格になったり，自宅で急に会社にいるときの性格になったりはしないし，テニスで熱心だったヤマダさんも会社に戻ればもとの怠け者に戻ります。

モード性格と多重人格　モード性格は精神障害の一種である「多重人格」（最近は，「解離性同一性障害」という診断名でよばれます）と混同されやすいですが，モード性格は状況と連動するのに対し，多重人格のそれぞれの人格は同じ状況でも現れることと，モード性格では「性格は変わっても自分は自分である」と

第2章　性格は変えられるか　　63

いう自己同一性が維持されているのに対し，多重人格では人格の交代とともに「自分」も入れ替わってしまうことが異なります。モード性格は正常で適応的な心の働きですが，多重人格が異常とされるのはそのためです。

性格変容

性格の変化のもう1つのパターンは，人生上の強烈な体験や，自分を取り巻く環境の大きな変化によって性格の変化が起きる性格変容です。モード性格が状況が戻ればもとに戻る可逆的なものだったのに対し，性格変容は不可逆的で，一度起きるともう二度ともとの性格に戻ることはありません。性格変容を引き起こすライフイベントには，入学や進学，就職や転職，結婚や出産，死別などさまざまな経験があり，それぞれの内容や影響の大きさに応じて性格変容が生じます。

性格を変えるには

モード性格と性格変容について考えると，人の性格を変えるのは状況や環境の変化であることがわかります。自分の性格に問題や欠陥を感じて悩むことは誰にでもあることですが，それは「気のもちよう」とか「意識改革」で解決できるようなことではありません。性格を変えるためには，自分の性格の問題に自分を取り巻く環境のどの部分がどのように影響しているかをよく分析し，そうした環境を自分の力で変えていく努力が必要です。

本章の最初でも述べたように，意地悪で陰険な性格など「いやな性格」も自分のいまいる環境への適応と関係しています。いまの自分の性格が自分のいまいる場所によってつくられているなら，思い切ってその場所を飛び出してみることが，性格を変える第一歩であるかもしれません。

64　第I部　身近に感じる心理学

Column③　パーソナリティ障害

　困った性格，いやな性格の人はどこにでもいるし，あなたも私もそうであるかもしれません。ところが，そうした性格の問題が本人や周囲の人の適応に大きく悪影響を与える場合があって，それをパーソナリティ障害（人格障害）とよんでいます。パーソナリティ障害にもいろいろな種類がありますが，大きく分けて奇妙で風変わりな性格が度を越しているもの（A群），感情的で演技的な性格が著しいもの（B群），不安や恐怖，思い込みが激しいもの（C群）の3種類があります。

　その中でもとくに周囲の人への影響が大きいのがB群に属する反社会性パーソナリティ障害や演技性パーソナリティ障害です。反社会性パーソナリティ障害は自分の利益のためには他人を傷つけ利用しても平気で，周囲の人間関係を壊してしまいます。いっぽう演技性パーソナリティ障害は，激しい感情表現を用いてまわりの人を支配してしまう傾向で，周囲の人々はその演技に振りまわされます。また，精神障害とまではいかないですが対人関係や感情の不安定性と衝動性が強く，周囲を困らせるのが境界性（ボーダーライン）パーソナリティ障害です。

　「そういう人いるいる！」と思った人が多いと思いますが，みなさんが思い浮かべた人々の大多数はパーソナリティ障害とはいえない，普通のいやな性格の人です。普通のいやな性格の人はある程度は状況に応じて，相手の反応も見ながらいやな行動をとるため，自分自身にも周囲にもそれほど大きな損害は与えません。いっぽうパーソナリティ障害の場合は状況や相手にかかわらずこうした問題が生じるために，周囲に莫大な迷惑をかけるだけでなく自分自身の生活も台なしにしてしまいます。そういう場合には精神科医などによる診断と治療が必要になってきます。

第2章　性格は変えられるか　65

第 II 部

心理学で日常生活を読み解く

第3章 身近な人や社会との関係

社会的行動の心理学

Introduction

「おれ、じつは家で1人でいるときはけっこう暗いんだ」「1人でいるときも明るいやつなんてなかなかいないよ（笑）」という高校生の会話を電車の中で聞いたことがあります。誰でも1人でいるときと他人といるときとではいろいろな面で変わってくるし、そもそも「明るい」とか「やさしい」といった性格特性は、他者と関わり合うことがなければ現れもしないでしょう。私たちが「自分はこういう人間」と思っていることのかなりの部分が、他者との関係を前提にして成り立っているのです。

他者がいる場面、あるいは2人以上がいる場面のことを社会的状況といい、社会的状況で人間がとる行動を社会的行動といいます。さまざまな社会的行動は私たちが社会的状況に適応し、他者とうまくつきあって気持ちよく暮らすためにもっている行動のレパートリーです。

1 社会的行動をつくり出すもの

遺伝と進化

社会的行動を支える心理的機能や社会的行動の一部は，進化の過程で形成されて遺伝的に伝達されてくる生得的なものであることが，最近の進化心理学の研究から明らかになってきています。他者と一緒にいたい，他者と仲良くしたいと思う欲求（親和欲求）や，他者をコントロールしたい，邪魔な他者を攻撃して排除したい，といった傾向には明らかに遺伝的な基盤があります。人間は社会的動物といわれるように，100万年以上前の祖先の時代から集団をつくって暮らしてきました。そうした人間の基本的習性からいって，社会的行動の基盤は誰にとっても必要であり，生得的に獲得されているほうが生きるために有利だからです。

経験と適応

いっぽう，1人ひとりの人間が実際にどんな人々とどんな関係をもち，どんな社会的状況におかれるかは千差万別です。1人っ子かきょうだいがいるか，中学校の先生がどんな人か，大学は理系か文系か，就職先は営業か製造かなどいろいろな状況の変化に合わせて，適切な社会的行動を選択していかないと適応は難しくなります。こうした多様性には生得的な機構だけでは適応が難しく，われわれは経験による学習のしくみによってそれぞれの状況で適応的な社会的行動を身につけ，他者とつきあっていくのです。

　社会的行動をおもな研究対象としているのが社会心理学という研究分野です。社会心理学の研究分野には大きく分けて，個人の側で

社会的行動を支えるしくみについての研究，二者関係などの対人関係についての研究，集団や社会現象についての研究の3つの領域があります。本章では，それぞれの領域からの興味深いトピックをいくつか取り上げてみたいと思います。

2 他者の「心」がわかるしくみ

　社会的行動の基本は「他者とうまくつきあう」ことですが，そのためには相手がどんな性格なのか，いま喜んでいるのか怒っているのか，相手の言動にどんな意図が込められているのか，といったことをある程度理解できることが必要です。他者について理解するための心の働きを社会的認知といい，社会的認知が社会的行動の重要な基礎になっていると考えることができます。

他者の感情の理解　　われわれは目の前にいる他者の感情をどこから理解しているでしょうか。最も重要な情報源は表情です。喜怒哀楽と表情との基本的な関係は，人間であれば人種や文化を超えておよそ共通で，われわれは外国人の感情であっても表情からある程度推測することができます（図3-1）。それどころかダーウィンによる有名な研究によれば，人間以外のさまざまな動物でも感情と表情との関係には共通性があります。とはいえ，日本人の愛想笑いがアメリカ人には侮蔑に見えたりするように，微妙な感情と表情との関係には文化差や個人差があります。表情以外にも声や言葉の調子，顔色，身振りなどが感情の認知の材料になっています。

第3章　身近な人や社会との関係　71

> 図 3-1　表情と感情

（出典）© deltafrut/Beraldo Leal/Dominic Riccitello/skippyjon.

他者の性格の理解　私たちが他者の性格を理解する基本になるのは，日常の相手の行動の観察です。日頃から困っている人を助け，悲しんでいる人を慰めている人を見れば「やさしい人だなあ」と思うようになります。しかし行動をまったく見ていなくても，写真を見ただけで，あるいはちょっと噂を聞いただけで，その人の性格を判断することも珍しくありません。

そうした性格理解に役立っているのがステレオタイプです。ステレオタイプとは，その人の外見的特徴，肩書きや出身地などの属性から性格を推測することです。一般に太っている人はやせている人より性格がまろやかだと思われやすいですし，美男や美女は性格面でも望ましく思われることが多いでしょう。「北海道人はおおらか」「信州人は理屈っぽい」などのイメージや，血液型性格判断もステレオタイプの仲間です。ステレオタイプには一定の予測力がある場

合もありますし，社会的認知のスピードや効率を向上させますが，ほとんどの場合は不正確です。とくに人種や少数者集団へのステレオタイプは，偏見や差別に結びつきやすいのです。

行動の原因や意図の理解

授業に遅刻してくる学生がいるとき，その遅刻がバスの遅れなどしかたのない事情によるのか，それとも本人の学習意欲のなさや性格のルーズさによるのかはどのように判断できるでしょうか。こうした，他者や自分の行動の原因についての認知の働きを原因帰属といいます。

原因帰属を決めるヒントの1つは，行動の一貫性にあります。その人の遅刻が今回はじめてでいつもは遅刻していないなら「バスが遅れたのかな」と思いますが，繰り返し遅刻している（一貫している）ならば「だらしない性格だ」「やる気がない」と思うでしょう。また，授業中ノートをとっていることは当然なのであまり本人の性格や意欲には帰属されませんが，授業中に iPod で音楽を聴いているとか，踊っているという行動は当然ではないので「ふまじめだ」「やる気がない」など本人に帰属されます。先生に注意されてもまだ踊っているなら本人への帰属はますます強まるし（割増原理），「ジャイアンに脅されて踊らされている」など行動の原因について別の情報があれば本人への帰属は弱まります（割引原理）。

こうした帰属の働きも，あまり正確とはいえません。とくに「自分の成功は自分の努力の成果，失敗は状況のせい」「他人の成功は偶然の結果，失敗は能力のなさ」と考える傾向や，他人の悪事はすべてその人の性格の問題と考える傾向などは基本的帰属錯誤とよばれる帰属のバイアスであり，判断の間違いを生み出しやすいものです。

第3章 身近な人や社会との関係 73

3 コミュニケーション

　他者とうまくつきあうために重要なのがコミュニケーションです。コミュニケーションとは人と人とがお互いの考えや感情，意思などを伝え合うことをいいます。コミュニケーションには大きく分けて言葉や記号を通じた言語的コミュニケーションと，表情や視線，姿勢や身振りを通じた非言語的コミュニケーションがあり，どちらも人と人との関係において大きな役割を果たしています。

**聞き上手になる
テクニック**

　他者とうまくコミュニケーションしたいとき，普通は「上手に話すこと」を考えることが多いですが，実際には「上手に聞く」ことで相手の発話を引き出すことのほうが，コミュニケーションの改善には役立ちます。聞き上手になるポイントは相手の話を傾聴（耳を傾けて聞くこと）し受容する（むやみに否定・批判しないこと）とともに，傾聴と受容のサインを確実に相手に伝えることです。

　傾聴と受容のサインは，言語的にも非言語的にも伝えることができます。話し手のほうに体を向ける，顔の位置をそろえる，視線を合わせるなどは傾聴のサインです。相手の話に相づちを打ったり，うなずいたりすること，相手の話の中の単語を繰り返したり，相手の話をこちらの言葉で要約することも傾聴のサインを伝えます。相手の話の内容や表情に現れた感情を，こちらの言葉や表情で返すこと（感情の反映）は非常に強い受容のサインになります（図3-2）。

　傾聴と受容のサインがうまく伝わると，相手は安心して話しやすくなり，こちらが一所懸命話さなくても会話が弾むようになります。

74　　第Ⅱ部　心理学で日常生活を読み解く

図 3-2　傾聴と受容のサイン

話の始め方，続け方，終わり方

上手なコミュニケーションのためには，会話のテクニックも重要です。会話を始めるためには話題を見つけることが重要ですが，話題は自分と相手が同時に感じていること，同時に見ていることなどから見つけるのがよいでしょう。話題を見つけて話しかけたときに相手から傾聴や受容のサインが返ってくるならその話題で会話を続けてよいですが，そうでないときは話題を変えます。

会話が始まったら，自分がしゃべろうとせず傾聴と受容によって相手に話させることが重要です。話が途切れそうになったら相手に質問することが役立ちます。このときには答えが「はい」「いいえ」で終わるような質問（閉じた質問）よりも，話が広がるような質問（開いた質問）をすることが大切です。また自分のプライバシーについて話すこと（自己開示）は，相手の自己開示を引き出して話を弾ませる働きがあります。

話を終える際には，話せて楽しかった，有意義だったと伝えるこ

とで気持ちよく話を終えることができます。次の予定などがあるときは事前に相手に伝えておき、いきなり会話を打ち切らないようにすることも大切です。

説得的コミュニケーション

私たちが特定の人やモノに対してもっている感情や意見、評価などを心理学では態度とよんで、社会的行動を方向づけるものとして重視しています。他者の態度を変容させ、結果として社会的行動を変化させるために行われるコミュニケーションのことを説得的コミュニケーションといいます。説得的コミュニケーションが効果を上げるためには、誰が説得するか（説得者）と、どう説得するか（説得方法）が大切です。

説得は、説得される人から見て魅力的である人や、力をもっている人から行ったほうが効果が上がりやすくなります。また、説得の内容によっては専門家やマスコミ、有名人などの権威が利用できる場合もあります。催眠商法などが有名タレントを「広告塔」として使うのは、その一例です。

よく使われる説得方法に「安全運転しないと悲惨な事故にあうぞ」などと、説得に従わない場合の恐ろしい結果を材料に説得すること（恐怖喚起コミュニケーション）がありますが、この方法は態度は変えるものの行動を変える力は小さいといわれます。運転中に交通事故のことを考えるのは怖いので、考えないようになってしまうからです。最初は小さいことから説得して徐々に大きなことを求めていくとか、逆に最初は大きなことをふっかけて徐々に譲歩していくといった段階的説得も、説得内容によっては大きな効果があります。

皮肉なことに、態度変容を引き起こす最も強い方法は「無理やり

76　第Ⅱ部　心理学で日常生活を読み解く

やらせること」です。自分が納得していない行動でも続けているうちに，それをやっている自分と自分の態度との間に矛盾（認知的不協和）が生じて，その矛盾を解消するために自分の態度を変えようとするからです。あらゆる宗教が新しい信徒に布教活動を義務づけることは，この原理をうまく利用しています。

4 人を好きになるのはなぜ？

　私たちがもつ態度の中で最も強く，行動への影響も大きいのは，他者に対する好き嫌いの感情です。私たちは好きな人には近づこうとしますが嫌いな人は避けますし，好きな人のために命をかける人もいます。こうした好き嫌いの感情は対人魅力とよばれ，私たちがどんな人を，どんなときに，どうして好きになるのかが社会心理学の主要な研究テーマになってきました。

誰を好きになるのか　　私たちが好きになる相手は，まず近くにいる相手です。同じ建物の中に住んでいても，他の階にいる人よりは同じ階の人を好きになりやすいのです（近接性）。相手の外見的特徴も重要で，おしなべて外見の美しい人がそうでない人より好かれやすいですが，男女交際では自分の外見レベルと合った人とつきあうことが多いという報告があります（マッチング効果）。

　趣味や生活で自分と似たところ（共通性）のある人を好きになる傾向も強く見られます。そのいっぽうで，性格面では自分とは違った性格で補い合える人を好きになる場合（相補性）もあります。また，自分を好きになってくれる人，自分を評価してくれる人を好き

第3章　身近な人や社会との関係　77

になる傾向（好意の返報性）もよく見られます。

> どんなときに好きになるのか

高校3年のときのクラスで、3学期になると急にカップルが増えて驚いたことがあります。こうした現象の1つの原因は、卒業や進学を控えてみんなの不安が強まったことにあります。私たちは不安になると親和欲求（人と仲良くしたい欲求）が高まり、人を好きになりやすくなるのです。

不安だけでなく、感情の高まりは対人魅力を強める働きをします。スキー場でできた恋人に町で会ってがっかりみたいなことも、行楽地での感情の高まりが原因です。カナダのダットンらが行った「つり橋実験」（図3-3）では、怖いつり橋を渡っている男性たちが実験者の女性に強い魅力を感じました。こうした傾向は、私たちが他の理由で感じた感情の高まりを「相手の魅力による感情」と勘違いす

図 3-3 ダットンらの実験が行われたつり橋

（注）カナダのノースバンクーバーにあるカピラノつり橋。
（出典）© Paul Mannix.

ること（錯誤帰属）が原因と考えられています。デートの定番として
お化け屋敷やホラー映画，墓地などがあるのは，知らず知らずに
それを利用しているのです。

**どうして好きになる
のか**

人が人を好きになる基本的なしくみをよく
説明した理論の1つに，バーンとクロアの
強化情動モデルがあります。このモデルで
はレスポンデント条件づけのしくみ（第7章第4節）を基礎に，誰
か特定の人と対になって感じられた感情がその人に条件づけられる
ことから，好き嫌いの感情の形成を説明しています。太郎君が楽し
い話をしてくれると，私は楽しい気持ちになります。それが繰り返
されると，太郎君に楽しい気持ちが条件づけられ，太郎君を見ただ
けで楽しい気持ちになる，これが「好きになる」ことです。いっぽ
う太郎君がいつも意地悪をするなら，そこで感じたいやな気持ちが
太郎君に条件づけられ，太郎君を嫌いになります。職場や学校など
でコンパやレクリエーションが盛んに行われる1つの理由は，みん
なで一緒に楽しい経験をすることで，仲間同士の好意を強めること
にあるのです。

**一目ぼれはどうして
起きる？**

強化情動モデルでは，会ったその日から好
きになる一目ぼれなど，とくに楽しい体験
をしていないのに好きになることを説明で
きないように見えます。しかし，これが条件づけの一種であること
を考えれば，条件づけられたものと似たものには同じ反応が生じる
という般化のしくみ（第7章第4節）から説明することができます。
一目ぼれの相手のほとんどは自分では気づいていないが昔好きだっ
た誰かに似ていたり，ときには自分の両親や兄弟と似ていることか

第3章　身近な人や社会との関係　79

ら，般化が生じて好きになっているのです。「赤い糸」の正体は解明してみると意外だったり気持ち悪かったりもするので，解明しないほうがよいかもしれません。

対人魅力と恋愛　ここまで，同性の友達などに感じる単なる好意と，おもに異性に感じる恋愛感情とをとくに区別しないで説明してきました。好意と恋愛はどちらも，基本的にはこれまで説明してきた対人魅力のしくみによってつくられる点では同じですが，いくつかの面で違いがあります。

　まず，恋愛感情は性欲も含む強い感情や欲求の喚起を伴っていることが挙げられます。こうしたことが恋愛感情を普通の好意よりも強いものにするとともに，感情や欲求はあまり長期に持続しないことから，恋愛感情のさめやすさにも関係しています。トキメかなくなれば恋は終わりであるなら，すべての恋は3年以内に終わります。また，かわいさ余って憎さ百倍というように，恋愛感情は単なる好意だけでなく嫉妬や憎しみをも含んだ複雑なものです。こうした恋愛が長期的な男女関係に変わるためには，感情や性欲に左右されない基本的な信頼関係をつくること，価値観や人生観の共通性を高めることなどが大切です。

5　人を助ける，人を傷つける

　社会的行動には他者との関係を深め，促進するような行動（向社会的行動）と，他者との関係を阻害し，悪くするような行動（反社会的行動）とがあります。向社会的行動の代表的なものが援助行動，すなわち自分の利益を意識せずに人を助けることであり，反社会的

行動の代表が攻撃行動，つまり人を傷つけることです。

援助するのはなぜ？　人はなぜ他者を助けるのか，という問いには大きく分けて本能説と社会的強化説の2つの答えがあります。本能説とは，人間は生まれつき困っている他者を助ける性向をもっているという考え方で，古くは孟子の性善説にもそうした主張があります。最近では自分と共通の遺伝子をもつ他の個体（血縁者）への援助は進化的に有利であるという進化生物学の考えから援助行動を説明しようとする立場もありますが，人間によく見られる非血縁者への援助がどのような意味をもつのかはまだよくわかっていません。

　社会的強化説とは，援助行動が社会の維持や発展に不可欠であることから，私たちの生きる社会の大半は，そのメンバーの援助行動を称賛したり，報酬を与えるしくみをもっており，それによって個人の援助行動が強化されているのだ，という考え方です。誰かが誰かに援助することは援助的な社会をつくることにつながり，援助的な社会ではめぐりめぐって自分自身も援助され，適応することが容易になるという視点は重要でしょう。

援助しやすい人，援助されやすい人　一般に男性よりも女性のほうが援助を行いやすいといわれますが，人命救助などリスクの高い援助行動では，男性が関わることが多くなります。また，共感性（相手の気持ちになって考える傾向）や，物事を自分の責任として考える傾向（内的統制）の強い人は，そうでない人と比べて援助行動しやすいといわれます。それ以上に援助行動に影響するのは，類似した場面での援助経験があるかどうかで，経験がある場合には援助することが多くなります。ボランテ

第3章　身近な人や社会との関係

ィアなどで対人援助を経験しておくことは，その人の援助傾向を強める効果があります。

　いっぽう援助を求める側の特性も援助行動に影響します。一般に男性よりも女性，成人より子どもや老人というように，社会的に弱い立場の人が援助を求める場合のほうが援助を受けやすくなります。また，きちんとした服装や外見をしている人のほうが援助を受けやすいのです。これは援助の緊急性が高く見えるとともに，援助のリスクが小さいからです。ひどい身なりの人が道に横になっていても「寝ている」のかもしれませんが，きれいな背広の紳士が横になっていれば事故か病気でしょうし，そういう人を助けるほうが後腐れがなさそうに見えます。援助を求める原因が病気や事故などの不可抗力か，過度の飲酒などの自業自得なのかも重要で，自業自得だと援助されにくくなります。

援助しないのはなぜ？

　　　　　　　　　　明らかに緊急の状況で助けを求めている人が，その場に人がたくさんいるにもかかわらず援助されず，見殺しにされてしまうことがときどきあります。キティ・ジェノビーズ事件（*Column*④を参照）の例に代表されるこうした現象は傍観者効果とよばれ，ラタネとダーリーらによって研究されました。傍観者効果はなぜ起きるのでしょうか。

　傍観者効果の原因は，おもに「責任の分散」と「集団抑制」だといわれます。責任の分散とは，その場面に何人もの人がいることによって援助の責任が分散し「自分が助けなくても誰かが助ける」「もし深刻な結果になっても自分の責任ではない」と考えてしまうことです。集団抑制とは，援助が場違いになったり，援助に失敗したりして恥をかきたくないなど，そこにいる人々の目が気になるために援助ができなくなることをいいます。

82　　第Ⅱ部　心理学で日常生活を読み解く

Column ④ キティ・ジェノビーズ事件

　1964年3月13日深夜，ニューヨーク近郊の自宅へ向かう途中だったキティ・ジェノビーズは，帰宅直前に暴漢に襲われ，約1時間後に死亡します。当時の新聞によると，惨劇は住宅街で起きたため，キティの悲鳴を聞いて窓を開け事件を目撃した人が38人もいたにもかかわらず，誰も助けなかったばかりか警察をよぶ者も1人もいなかったといいます。この事件は異教徒であっても困っている人は助ける「よきサマリア人」を教訓とするキリスト教国であるアメリカに大きな衝撃を与え，その後に行われた援助行動に関する心理学的研究のきっかけにもなりました。

　しかし，この新聞記事には誇張があったといわれます。実際には目撃者は38人もいなかったばかりか，そのほとんどは叫び声を聞いただけだったし，少なくとも1人の住民は警察に電話をかけていたことがわかっています。「狼少女」が実際に狼に育てられたわけではなかったといった例を挙げるまでもなく，多くの逸話には不正確な部分が含まれていることに注意しなければなりません。

キティ・ジェノビーズ事件の現場

（出典）© The New York Times/Redux/アフロ
（注）キティは①の場所で3回目の攻撃を受け，②の場所の自宅にたどり着こうとした。

第3章　身近な人や社会との関係

責任の分散と集団抑制を防ぐためにも，自分が援助を求める立場になったときには「誰か助けて―」ではなく特定の人に助けを求めること，本当に援助が必要であることや，どのような援助が必要なのかをきちんと伝えることが大切です。

攻撃するのはなぜ？

援助行動とは反対に，人に身体的・精神的な痛みや苦しみを与える行動が攻撃行動です。人間も含めてほとんどの生物には，自分に危害を加えたり，自分の利益を侵害する他の個体に攻撃を加えて，それを排除しようとする行動が生得的にプログラムされています。相手が攻撃してこなくても，自分のなわばりに入ってきたり，自分の配偶者に近づく者を攻撃して排除する傾向はよく見られます。人間の攻撃行動も，私たちが自分の周囲にもっている他者には入ってほしくない領域（パーソナル・スペース）を守るために生じている場合があります。

私たちが攻撃的になることは，欲求不満が高まっているときにも多いです。空腹になるとイライラするなど，欲求不満と攻撃との関係はもともとは採食行動の促進と関係した適応的なものですが，現代社会ではむしろ不適応の原因になりやすいのです。学校や職場などでいじめが起きやすいのは，そうした場が人に強い欲求不満を感じさせるからです。

攻撃と観察学習

テレビ番組の暴力的な表現が批判され，規制されるのは，そうした暴力シーンが視聴者の攻撃行動を促進すると考えられているからです。日本のアニメのかなりが，暴力的すぎるという理由でアメリカの公共放送では放送できません。1960〜70年代の研究では，大人の暴力行為を観察した子どもたちがその後同じような暴力行為を行いやすくなるとい

う観察学習（第7章第6節を参照）効果が確認されており，このことがその後アメリカでテレビの暴力表現が厳しく規制される根拠になっています。しかし，テレビの暴力シーンがそれほど強い力をもつかについては議論があり，最近ではテレビの影響力は以前よりも小さく見積もられることが多くなっています。とはいえテレビの暴力シーンが子どもに与える影響は暴力行為の単純な増加以外にもあると考えられるので，野放しでよいとはいえないでしょう。

攻撃といじめ　何らかの意味で強い者が，弱い者に対して継続的に与える身体的・精神的な暴力をいじめとよびます。最近では職場や育児場面でのいじめなども注目されるようになっていますが，いじめが最も大きな問題になるのは学校です。学校という場は子どもも教師も強い欲求不満を感じてすごしている場であるために攻撃行動が起きやすいことに加えて，生まれも育ちも違う同年齢の子どもたちが，自分の意思でなく共同体として団結し集団行動をとることを求められることが，いじめを醸成する集団心理を生み出しています。

　こうした特殊な状況の中では，いじめは多くの場合「異端者を追及し，罰するための正義」ととらえられ，いじめる子たちはほとんど罪悪感を感じていません。教師の行動がそうした思想に裏づけを与えている場合も少なくありません。重要なことは学校や教師が理念や口先だけでなく実体験として「いじめることは損だ，割に合わない」と生徒たちに痛感させることしかありません。

第3章　身近な人や社会との関係　85

6　集団が人間を変える

　数人以上の人間が集まっているものを集合といいますが，その中で集まっている人々の間に役割分担や相互依存関係，共通の目標やルールなどの社会的相互作用が働いているものを集団といいます。私たちは普通1つだけでなく複数の集団に属していて，そのような集団それぞれを所属集団といいます。所属集団のうち，自分の価値観や人生観のよりどころになっている集団のことをとくに準拠集団といいます。

集団圧力と同調

　集団メンバーの間の社会的相互作用が強くなるほど，集団の凝集性（絆の強さ）が高まります。凝集性の高い集団ではメンバーを集団のルールに従わせようとする力（集団圧力）が強くなり，メンバーは集団に留まるために，集団のルールに合わせて自分の意見や行動を変えるようになります。これを同調行動とよびます。

　アッシュが1940年代に行った実験では，普通なら間違うはずのない線分組み合わせ課題（図3-4）を自分以外が全員一致して間違えると，ほとんどの人がまわりに合わせて答えを変え，同調行動が生じました。このとき，間違っているとわかっていて周囲に合わせる人もいれば，自分の判断が信じられなくなる人，中には周囲の答えが本当に正しいように見えてくる人もいました。集団への同調は判断やものの見え方にも影響するのです。

86　第Ⅱ部　心理学で日常生活を読み解く

図 3-4 アッシュの線分組み合わせ課題

「右の線分のうち，左の線分と同じ長さのものはどれか？」

**リーダーと
リーダーシップ**

集団の中でとくに大きな影響力を他のメンバーに対して及ぼす，1人またはごく少数のメンバーのことをリーダーとよびます。リーダーシップとは，リーダーが他のメンバーに影響を与える働きのことです。三隅二不二はリーダーシップをP機能（指導や命令で集団の目標達成を促す機能）とM機能（思いやりや気配りでメンバー間の人間関係を維持する機能）の2つの側面からとらえる「リーダーシップのPM理論」を提唱しています。

　PM理論に基づいた実証研究によると，集団全体の生産性が最も高まるのはP機能とM機能が両立したリーダー（PM型リーダー）がいる場合です。しかし，集団の凝集性が高くメンバーの意欲も非常に高い場合には，P機能に特化したリーダーシップ（Pm型リーダー）が効果的になりやすいですし，反対にメンバーのやる気がなく凝集性も低い集団ではM機能に重きをおいたリーダー（pM型リーダー）が求められる場合があります。

服従の心理

集団のメンバーがリーダーの命令に従って自分の希望しない行動をとることを服従といいます。服従はときに，普通では考えられないような極端で残虐な行動を引き起こすことがあります。ナチス・ドイツによるユダヤ

第3章　身近な人や社会との関係　　87

人の虐殺は，それが異常な殺人者や「野蛮人」「異教徒」によって
ではなくクリスチャンであるドイツのごく一般的な職業人たちによ
って粛々と執り行われたことが，とくに欧米のキリスト教社会に
大きな衝撃を与えました。彼らは個人的にユダヤ人を憎んでいたと
いうよりむしろ，「命令されて行う業務」として虐殺を行っていた
のです。

　服従がいかに人を残酷にするかを実証したミルグラムによる実験
は，ナチスのユダヤ人虐殺実行責任者の名前をとって「アイヒマン
実験」ともよばれます。この実験では「言語学習実験の実験者」と
して募集された市民が，学習者が課題に誤答するたびに電気ショッ
クを与え，誤答が繰り返されるたびに電圧を上げるよう命令されま
した。驚くべきことにほとんどの市民は，回答者が苦痛で意識を失
っているにもかかわらず「DANGER SEVERE SHOCK（危険 強烈
なショック）」と書かれた電圧まで電圧を上げ続けたのです。もちろ
んこの実験は実験対象者をだましており，学習者役の俳優は気絶し
た演技をしていただけですが，命令によって誰もが残虐になること
を示して物議をかもした実験です。

　なぜ命令されると残虐になれるのかは，まず行動の結果の責任を
とるのは命令者であり自分ではないこと，命令者の権威や法律，契
約などによって命令を守らざるをえない立場にいることが原因です。
また，国家のため，科学の進歩のためなどの大義名分や，「仕事」
への熱中が思考に影響して，被害者を非人格化したり，罪悪感が薄
れることも重要です。

88　　第II部　心理学で日常生活を読み解く

7 群集心理

　雑踏を歩く人々，映画やコンサートの観衆などは単なる集合であり，普通はそこにいる人々の間に社会的相互作用はありません。しかし何かのきっかけでそうした人々の間に一時的な相互作用が生じて，人々にそうした場面に独特の心理的傾向が生じることがあります。こうした状態を「群集」といい，そこで生じる心理的傾向のことを群集心理とよびます。群集心理の状態では人々は感情的で攻撃的になり，冷静な判断ができなくなるとともに，思考的な退行（子ども返り）が生じて暗示にかかりやすくなります。こうした群集心理がさまざまな問題や悲劇を引き起こすことがあります。

流言とデマ　群集心理の状態では，流言（人から人へと伝えられる未確認の情報や噂）が大きな影響力をもつようになります。流言のうち意図的に嘘の情報が伝えられるものをデマといいます。流言が生じやすいのは，人々に強い不安があって，かつ信頼できる情報の少ないときで，大きな災害や事故の起きた地域などで流言が伝わりやすくなります（*Column⑤*を参照）。

　流言は，人から人へと伝達されるときに大きく変容していくことが特徴です。「伝言ゲーム」でも見られるように，流言の内容は徐々に短く，単純になっていくとともに，伝達者の不安や興味，願望などと一致するように変容します。地震の余震についての流言などに見られるように，最初は気象台などによる正規の情報だったものが伝達される間に変容して流言に変わっていくのも，そのためです。

第3章　身近な人や社会との関係　89

Column⑤　当たり屋グループが来ています！

　車の運転をする人は「当たり屋グループが来ています！」というビラを目にしたことがないでしょうか。当たり屋とは故意に交通事故を起こして示談金などを脅し取る人々で，このビラには当たり屋グループが乗っている自動車のナンバーと車種が列挙されていて，それらの車と出会ったときの対処法についても説明されています。じつはこのビラの内容はまったくの嘘で，調べてみると記載されているナンバーのほぼすべてはすでに廃車になっていることがわかります。警察によればそもそも「当たり屋」というような犯罪自体がほとんど存在しないそうです。こうしたビラはいまから 20 年くらい前に関西地方で出現して以来，内容を微妙に変えながら繰り返し全国に現れています。内容を信じて注意している人は当たり屋グループの被害にはあわず（そもそも誰も被害にあわないので），車間距離をとるなどで交通安全にもなるなど実害の少ないものですが，なんとも不可解な流言の一種です。

| パニック |

群集が何かの恐怖にあおられて爆発的な逃走状態に陥ることをパニックといいます。パニックが生じるのは，人々に強い不安や恐怖があり，逃げ場や逃走方法が限られている状況で，火事や地震などの現実の脅威や流言・デマによる脅威が与えられたときです。

　パニックの発生には物理的な要因が強く働きます。まず，人がたくさんいる状態は逃走を困難にするだけでなく，将棋倒しや群集雪崩などの現象を引き起こしてパニックの結果を深刻なものにします。それに非常口や逃走路の不備や狭さが加わると，ますます結果は悲惨になります。災害時などのパニックを防ぐためには，不必要に人を集合させることを避けて群集の発生自体を防ぐこと，十分な非常口や避難路を整備することに加えて，信頼できる情報を十分に与えて人々の不安を和らげることが重要です。

第4章 人が生まれてから死ぬまで

発達心理学

Introduction

　私たちは，この世に生まれ，そして死んでいく。生まれたときから多くの人と出会い，関係をつくり，ときに別れていく。心理的にも身体的にもそして関係的にも，多くの変容を経験しながら時間の中で生きていくのが発達です。本章では，発達をとらえる考え方にはどのようなものがあるのか，どのような注意が必要なのか，という発達論について最初に見ていきます。ついで，発達を主要ないくつかの時期ごとに区切り，①生物学的制約と認知的傾向，②社会性，③逸脱もしくは病理的傾向ごとに見ていくことにします。

1 発達のグランドセオリーと発達心理学の巨人

発達はよきものに向かうものか

発達という語は英語で development です。同じ語が日本語では，現象，発展，展開，開発というように訳されることがあります。このことから，概念としての発達が，もともとあるものが発現し，それがよいものに向かっていく，あるいは向かわされていくというイメージをもつことがわかります。さて，発達心理学はその始まりは児童心理学として出発しました。それは，子どもの成長を支援するためには，まず子どもについて学問的に検討することが重要だと考えられたからです。やがて青年期の検討が活発に行われる頃，発達心理学という名称に変わりました。老年期については機能が衰えていくというイメージでしたから，「発達」心理学には含まれなかったのですが，その意識も変わりました。現在では生涯発達心理学という名称のもと人生すべての時期を含む学問に変わりつつあります。これは単なる名称の変更ではなく，一般にいわれる老化や能力減退も個人の発達プロセスとして考えるということを意味しています。つまり，時間に伴う「変化」が発達であり，そこに上昇志向や価値判断は含まないようになりつつあります。中年期以降の発達に注目するバルテスは，全生涯を通じての獲得（成長）と喪失（衰退）とのダイナミズムを研究するのが生涯発達心理学であると主張しています。

遺伝・環境論争

人間の発達が，生まれつきによるのか，育ちの過程が大事なのか，ということはアリ

92　第Ⅱ部　心理学で日常生活を読み解く

ストテレスやプラトンなど古代哲学者によっても議論されてきた大問題ですが，ここでは17世紀から19世紀初頭まで哲学の世界で主要テーマとなっていた「理性主義」と「経験主義」について考えてみましょう（高砂，2003）。

理性主義は，人間の理性に何らかの観念が生得的に備わっていて，それによって世界の理解や数など抽象的概念が理解できると考える立場です。経験主義は，生後の経験を重視する立場です。理性主義と経験主義の対立は19世紀半ばに心理学が学範（ディシプリン）として成立すると，進化論のダーウィンの従兄弟であるゴルトンが「nature-nurture（氏か育ちか）」という言葉をつくり，論争を心理学的なかたちにつくり替えました。ゴルトン自身は人間の性質は経験によるのでなく，生まれつきであると考えており，遺伝重視主義の立場に立ち，親子のデータを集めて統計分析を行いました。彼の開発した分析法は相関分析や回帰分析として現在も使われていますが，データの変動よりも安定性に着目した指標であることには注意が必要です。さらにゴルトンは優生劣廃学を提唱し，能力の劣った者には子孫を残させるべきではないと考えていました。

心理学者はどのように，この問題と関わったのでしょうか。経験主義的な考え方の筆頭は行動主義です。

アメリカの心理学者ワトソンはその行動主義の立場から，本能とよばれるものであっても後天的に条件づけられた反応だと論じました。11カ月のアルバート坊やを対象にして恐怖反応が条件づけられるプロセスを示した研究は，恐怖が後天的に形成されることを示しただけでなく，行動療法の可能性を示したものとしてよく知られています（図4-1）。彼の「12人の子どもがいればその任意の子どもをどのような職業に就かせることもできる」という考え方は当時のアメリカ社会に広く受け入れられ，その『心理学的子育て法』と

第4章　人が生まれてから死ぬまで　　93

図 4-1 ワトソンによるアルバート坊やの実験場面

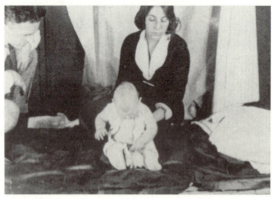

(出典) Archives of the History of American Psychology, The Center for the History of Psychology – The University of Akron.

いう育児書は『スポック博士の育児書』が登場するまで広く読み継がれていました。

発達の研究で生得説に近い主張をしたのがゲゼルです。ゲゼルの説は成熟説とよばれます。彼は双生児を対象に階段の登り降り行動の習熟の比較研究を行い、この種の行動に関しては準備のための訓練（経験）は必要でなく、成熟を待つことが必要だという結論を導いたのです。

ドイツの心理学者シュテルンが唱えたのは輻輳(ふくそう)説です。すなわち遺伝も環境も発達に関係しているというもので相互作用説のはしりと言えます。相互作用説の中には、ジェンセンによる環境閾値(いきち)説もあります。これは、発達において遺伝的要因が発現するには、最低限の環境条件および時期の適切さが必要であり、また、環境がどんなに優れていても遺伝のもつ限界がある、と考えるものです。たとえば、言語を話せるようになるには、ある時期までに音声言語の入

94　第Ⅱ部　心理学で日常生活を読み解く

力が必要であるというのがこの考えにあてはまります。

現在の発達心理学では，遺伝か環境かというような単純な二項対立で考えることは少なく，何らかの相互作用説が主流です。

ピアジェの認知発達理論

人間は外界の情報・刺激を一方的に受け取るだけではなく，主体的に関わり自分なりの内的な知識枠組みをつくり上げていきます。この枠組みはシェマとよばれ，発達初期において環境に適応するための重要な役割を担っています。ピアジェは自分の子どもを対象に，対話・応答を繰り返す臨床面接法によって，子どもがもつ独自の世界観，因果関係認識，道徳判断等の構造を調べました。とくに，子どもの精神の本質が自己中心性であるとする学説は大きな反響をよび起こしました。

ピアジェは関心のある現象を研究するために創意工夫に富んだ課題を数多く開発し，それによって子どもの姿を生き生きと描きました。たとえば，保存課題とは，同じ量のもののかたちや配列や容器を変えることで見かけの変化を起こさせる実験で，見た目の変化にもかかわらず量が等しいと判断できるかどうかを問う課題です。3つ山課題とは，山が3つある模型を見せて，自分とは違うところにいる人形の視点から見ると何がどのように見えるかを問うもので，自己中心的思考の研究で用いられました（図4-2）。ピアジェとインヘルダーの研究によれば，4〜6歳では，自分の視点と人形の視点の区別がつかず，自分の視点を優先します。7〜9歳で正面−背後の視点の変換ができるようになります。右−左も含めて視点変換ができるのは，8〜9歳です。こうした実験は多くの研究者の興味を引き，追試研究や発展的研究に使われることになりました。

ピアジェは知識の構造をシェマとして概念化し，外界への適応は

第4章 人が生まれてから死ぬまで 95

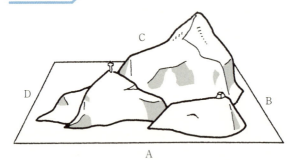

図 4-2　3つ山課題

(注)　たとえばAの位置に子どもを座らせ，B，C，Dのいずれかに人形をおき，人形からこれらの山がどのように見えるかを問うた。

同化と調節というプロセスによってなされるとしました。そして，同化と調節の方式が高度化する過程を認知発達段階として，大きく4つの段階を提唱したのです。

ピアジェによる思考の発達段階は，感覚運動的段階（誕生〜2歳），前操作的段階（2〜7歳），具体的操作段階（7〜12歳），形式的操作段階（12歳〜）の4段階に大きく分けられています（表4-1）。

ピアジェにおける（発達）段階とは，序列性と不可逆性を示すものであり，具体的操作段階の課題ができる者はその前の段階の課題を確実に行うことができるのです。

ヴィゴツキーの社会文化的アプローチ

ピアジェは自己中心性を重視したため，言語の発達も自己中心性の様相を帯びたものから認知発達の進展に伴い社会化されていくと考えていました。それに対して，言語は社会的なものから発達するとしたのがロシアの心理学者ヴィゴツキーです。彼は言語発達を，他者へ向けられた言語から始まると考え，それを外言とよびま

表 4-1　ピアジェが仮説化する各発達段階での子どもの思考特徴

発達段階	年齢の範囲	達成可能な典型と限界
感覚運動的段階 （誕生～2歳）	誕生～1カ月	反射的な活動（シェマ）を行使し外界を取り入れる。
	1～4カ月	第一次循環反応（自己の身体に限った感覚運動の繰り返し），行為の協応。
	4～8カ月	第二次循環反応（第一次循環反応の中にものを取り入れての繰り返し），視界から消えるとその対象を探索しようとしない。
	8～12カ月	第二次循環反応の協応，隠された対象を探す，しかし最後に隠された場所でなく，最初にあった場所を探す。
	12～18カ月	第三次循環反応（循環反応を介し，外界の事物に働きかけ，外界に変化をもたらす自分の動作に興味をもつ），目と手の協応動作が成立。
	18～24カ月	真の心的表象の始まり，延滞模倣。
前操作的段階 （2～7歳）	2～4歳	記号的機能の発現，言葉や心的イメージの発達。自己中心的コミュニケーション。
	4～7歳	言葉や心的イメージのスキルの改善，ものや事象の変換の表象は不可能。保存課題や系列化やクラス化の問題に対し1つの知覚的次元で反応（判断）。
具体的操作段階 （7～12歳）		具体物を扱う限りにおいては論理的操作が可能になる。ものや事象の静的な状態だけでなく変換の状態をも表象可能，外見的な見えに左右されず保存問題や系列化やクラス化の問題解決が可能，だが科学的な問題や論理的変換のようにあらゆる可能な組み合わせを考えねばならぬ問題には困難を示す。
形式的操作段階 （12歳～）		経験的事実に基づくだけでなく，仮説による論理的操作や，命題間の論理的関係の理解が可能である。より抽象的で複雑な世界についての理解が進み，たとえば，エネルギーの保存や化学的合成に関するような抽象的概念や知識が獲得される。

（出典）丸野，1990 より作成。

第4章　人が生まれてから死ぬまで

した。やがてそれが内的対話となり，そして内言が可能になるとしました。思考があって言語が展開するのではなく，言語と思考は共時的に発達し，それが内言というかたちをとるに至ったときに言語的思考として成立すると考えたのです。

ヴィゴツキーは，ドイツのゲシュタルト心理学者ケーラーが報告したチンパンジーの洞察学習の研究を重視しました。手を伸ばしても届かないバナナを手に入れるために，箱を積み上げる行動は，見通しに基づく道具の使用と考えることができます。このことにヒントを得たヴィゴツキーは，人間の高次精神機能は，道具や言語・記号によって媒介されて成立すると考えたのです。

また，彼は人間の課題遂行能力を固定的なものとしてとらえるのではなく，つねに社会との関係でとらえようとしました。たとえば，彼の提唱した発達の最近接領域とは，現在は独力ではできないことであっても他からの媒介（たとえば大人の援助）が提供されれば行えるようなことであり，それはやがて独力でできるような領域なのだ，ということを意味する概念です。

ヴィゴツキーは早世であったため，心理学の世界では知られていませんでしたが，1980 年代以降，ヴィゴツキー・ルネッサンスとよばれるような再評価が行われています。彼の理論は発達支援や成長支援，教育のあり方を考えるために有用ですし，また，社会文化的アプローチの基礎理論となっています。

エリクソンの心理社会的発達理論

人間発達の社会的な側面を重視し，アイデンティティという概念を広めたのはエリック・エリクソンです。エリクソンはドイツでユダヤ系デンマーク人の母から生まれましたが，父が誰であるか母から教えられませんでした。大学中退後，アンナ・フロイトの弟

子となり，アメリカに移住し最終的にハーバード大学に勤めました。

彼は精神分析の影響を受けているものの，心理面・社会的側面の発達を強調しました。また，発達を生涯にわたるプロセスと考え，ライフサイクル（人生周期）に焦点をあてました。彼は発達のエピジェネティック（epigenetic）な側面を強調しました。エピジェネティックは漸成的と訳され，発達を遺伝要因などすでにあるものの発現と見る前成的な見方に対し，ある時期の発達がそれ以前の発達と関連があること，その時々の環境要因との相互作用の結果として発達を見ることが特徴です。

エリクソンは人生を8つの発達段階に分け，それぞれの時期の発達課題を示したことによって著名ですが，彼の考えはこうした段階や課題が確固たるものとして存在するというよりは，社会文化による発達のガイドとして作用すると考えていました（発達課題の表については第6節で後述します）。発達課題とはそれぞれの個人とそのおかれた環境の相互作用として要請されるものであり，課題が達成できるかどうかの緊張状態を「心理・社会的危機」とよびました。なお，エリクソンの名を高めたのは，青年期における発達課題「自己同一性の確立」です。

2 生物としてのヒト

● 新 生 児 期

> 反射，感覚，知覚の
> 初期状態

誕生後の赤ん坊は何もできない状態で，お腹が減ったら泣くだけの存在なのでしょうか。現在ではこうした赤ん坊観はまったくくつがえされてしまっています。すなわち，赤ん坊は生まれたばかりであっても外界に注意を向け知覚し，それに対して能動的に反応

第4章 人が生まれてから死ぬまで　99

していることが明らかになっているのです。

　一般にほ乳類において，小動物は誕生時は未熟であり就巣性である（たとえばリス）のに対し，大型動物は誕生時から成体に近い能力を携えて生まれてくるため離巣性です（たとえばウマ）。人間の新生児も本来であれば成体に近い状態で誕生してもいいのですが，そうではなく未熟な状態で生まれて就巣性を示す理由を，スイスの動物学者ポルトマンは生理的早産という概念で説明を行いました。人間の胎児は本来であれば 10 カ月ではなく 22 カ月程度母胎にいることで十分な発達を遂げられるのですが，脳が発達していることもあり，母胎が妊娠を維持できず，結果的に出産が妊娠 10 カ月という不十分な長さで行われてしまうというのです。このことは比較的高い新生児死亡率の原因ともなっていますが，発達の柔軟性を保障する契機であると考えることも可能です。

　発達心理学では，1950 年代以降，「有能な乳幼児の発見」とよばれる研究が多く行われました。ファンツは，無地の円，新聞の活字，人の顔など 6 種類の刺激をつくり，それを 2 つずつ組にして新生児〜6 カ月児に提示して，どちらの図をより長く見るのかという実験を行いました（選好注視法）。すると，生後数日の新生児であっても，人の顔の刺激を長く注視する結果となりました（図 4-3）。また，新生児はどこに生まれてもあらゆる音韻の区別ができることを示す実験もあります。たとえば，日本に生まれた日本人の赤ちゃんも R と L の音韻を区別できるということです。

　こうした能力は，新生児に生まれつき備わっているものであり，誕生直後の環境への適応を高めるしくみであるといえます。新聞を眺めていても声をかけてはもらえないですが，人の顔を見ていればおっぱいを与えてくれるかもしれない。R と L の区別は日本なら不要ですが，親がどこに住んでいるかは新生児にはわからないので

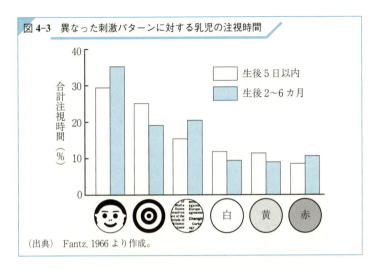

図 4-3 異なった刺激パターンに対する乳児の注視時間

(出典) Fantz, 1966 より作成。

すべての音韻に対応できることはきわめて重要なのです。つまり、新生児の感覚能力は非常に高いのですが、運動能力については自力での移動が不可能であるなど、きわめて脆弱な状態であるのがヒトの新生児の特徴だといえるでしょう。

母子関係　移動能力も摂食能力も不十分なまま誕生したヒトの新生児は、他の成体からの援助がなければ生命を維持できません。一般的には生物学的な実母が母乳を与え、その他の面倒をみることで成長が維持されます。では新生児は自分の親のことがわかるのでしょうか？　あるいは自分の親でなければ育ててもらうことはできないのでしょうか？　おっぱいをくれることが大事だというなら、実の親でなくてもよいでしょう。実際、日本には乳母という制度があったことからもこのことはわかります。しかも、授乳ということよりも大事なことが母子関係にあるということを明らかにした実験があります。

第 4 章　人が生まれてから死ぬまで

Column ⑥　発達心理学のドミナント・ストーリーを鵜呑みにしないために

　発達心理学のテキストは，いわゆる健常な子の発達をメインにおき，その家族関係，特に初期の母子関係が重要だということを述べます。しかし，そこには一定の留保が必要です。

　母子関係の形成には臨界期のようなものがあるわけではありません。また，実の母と実の子のペアでなければ安定した関係が築けないわけではありません。第3節で紹介するボウルビーの研究などが紹介されると，日本ではいわゆる3歳児神話というものが形成されました。3歳までは実の母親が面倒をみたほうがいいというものです。しかし，ボウルビーの研究が示したことは，養育的行動の量と質が十分でなければ子どもの発達が阻害されるということであって，実母による1対1の養育でなければならないということは示していないのです。母性的養育が必要だ，というとき，母親による養育のみが母性的養育なのではなく，実母ではなくても男性であっても母性的養育を提供できると考えるべきなのです。

　誕生後の母子接触がその後の関係性をよくするという知見もありますが，一方で早期に子どもと接触した母親が必ずしも子どもをかわいいと思えず，そのことに罪悪感をもつというようなこともあります。母子に限らず，単純な因果関係をあてはめることには慎重にならなければなりません。

　また，本章では以下の節でも「正常」な子どもの記述が多くならざるをえませんが，さまざまな障害をもつ子どもがまったく別の存在だというわけではありません。また，実際に障害をもつ子どもやその親たちが，不幸だということを決めつけてはなりません。

　発達心理学は「実の母親による健常な子どもの養育」を暗黙のうちに仮定しがちですが，これは単なるドミナント・ストーリー（支配的言説）にすぎず，代替のストーリーがありうるのだ，と考えておくことはきわめて重要です。

図 4-4　ハーローによる実験

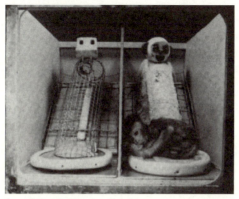

（出典）　Harlow, 1958；パブリック・ドメイン。

　ハーローは，アカゲザルを用いた研究を通じて，食欲を満たすことが母子関係の中心なのではないということを示しました。生まれたばかりのアカゲザルをその母ザルから離して飼育し，布でできたフワフワ人形と針金でできていてほ乳瓶からミルクを飲める人形を与えました（図4-4）。その結果，子ザルはミルクが欲しいときだけ針金人形のところに行き，それ以外のときは布の人形のところにいたのです。この実験により，食べ物は重要ではありますが，暖かく柔らかな接触が母子の関係づくりに必要だということがわかったのです。このことは，実際の母親でなくてもよいということも暗示しており，3歳児神話から脱却させる研究結果であるといえます。

初期の障害
　　──早期発見の功罪

　子どもをもつ親であれば誰でも，わが子が「五体満足に」生まれてきてほしいと願うでしょう。その願いに偽りはないし，そんな願いをもつなという権利は誰にもありません。しかし──最近は

さまざまな手記などが出版されたりテレビ番組になっているとはいえ——多くの人は「障害をもって生きる」ということの実態をほとんど知らずにそう願っているにすぎません。障害を抱えた本人，その家族が不幸だと決めつけることは，きわめて冷酷で失礼なことではないでしょうか。

　もちろん，ある種の障害は早期に気づくことで対策を打つことができたり，そのダメージを最小限にすることが可能ですから早期発見と対処には十分な意義があります。たとえば，聴覚が不良である場合，補聴器などを適切に使用できれば聴覚を補うことができるし，何よりも，言語発達の準備も可能になります。逆にいえば，聴覚に障害があることに気づかずにすごしてしまうと，それが原因で言語発達が不全となってしまうことも考えられるのです。もちろん，障害があるかもしれないと思ってつねに何かを検査しているのでは親も子も不安ですから，そんなに神経質になる必要もありません。

　障害のある子どもを不幸と決めつけるよりは，その支援に親としてさまざまなかたちで関わることや，そのダメージを最小限にするようなことを考えることが必要です。そして，発達初期においては，周囲の人たちとの安定した関係（実の親である必要はない）をつくることは，さまざまな意味でのセーフティネットとなりうるのです。また，まわりにそういう子どもがいるときは，その支援体制の輪に少しでもいいから加わることが大事です。

3　親密な他者とのつながり

●乳児期

言語発達

生後1年ぐらいから急激に大きな変化を見せるのが言語発達です。

104　第Ⅱ部　心理学で日常生活を読み解く

言語はヒトにとってきわめて重要なコミュニケーション手段です。喃語は生後1カ月ぐらいから見られる現象です。喃語は意味のない発声と定義されていますが，それを受けた成人は，短い文章で有意味の応答を行う場合があります（「だーだー」という赤ちゃんの声に「おっぱいほしいの？」で答える，など）。このような応答様式は，マザリーズ（motherese）とよばれています。マザリーズにおいては，声の調子が高くなりかつ声の抑揚を誇張する傾向が顕著となることが知られています。このような特徴をもつことで，子どもが自身の養育者の声を弁別しやすくなります。また，子ども自身の言語を発達させるための準備ともなります。

生後10カ月から1年目にかけて初語が見られ，単なる音声ではなくさまざまな機能をもつ音声が見られるようになります。これをシュテルンは1語文とよびました。「ママ」という語で，「ママがいる」「ママ来て！」のような意味をもつようになるのです。16カ月頃以降には「わんわん，きー」で「イヌが来た」を表現するような2語文の萌芽が見られるようになります。

岡本（1982）は「ニャンニャン」という音声が1人の子どもの中でどのような機能をもつようになるのか検討しています。それによれば，生後7カ月頃（第1段階），最初はある種の快適さの表現だったものが，快適な対象を示す音声となり（8カ月；第2段階），スピッツと白いイヌに限定されるようになります（9〜10カ月；第3段階）。それがやがて拡大し，動物一般もしくは白い毛のついたもの全般をニャンニャンで示すようになります（10〜12カ月；第4段階）。その後，他の言葉を使用できるようになると「ニャンニャン」を用いる回数も示す内容も縮小します（1歳1〜6カ月；第5段階）。2語文を使用するようになると，白いイヌを「オーキーニャンニャン」，白い毛でできた靴を「ニャンニャンクック」で表現するようになりま

第4章 人が生まれてから死ぬまで 105

す（1歳6～8カ月；第6段階）。そして、最終的にイヌのことは「ワンワン」で示すように変容してしまいます（1歳9カ月以降；第7段階）。

この事例では、言語が子どもの発達によって複雑な機能をもつようになること、それが社会の影響を受けずにはいられないことが示されています。すなわち、ニャンニャンという語は個人の発達を考えれば、それが何を示してもいいのですが、社会との関係では、ネコを示さなければならず、また、イヌはワンワンであると指導され、語と意味が社会と一致するようになっていくのです。

一般的には子どもは2歳頃までに2語文で話すようになり、その後、多語発話ができるようになり、2歳半を過ぎると5語文くらいを話すようになります。語彙の数も急激に増えます。また、単に文章を長く言えるようになるのではなく、他者と会話ができるようにもなっていきます。

なお、ピアジェの理論を参考にすると、2歳までは感覚運動的段階、2歳から6、7歳までは前操作的段階であるとされます。なお、ピアジェのいう操作とは論理的思考のことです。2～4歳頃までは前概念的思考段階あるいは象徴的思考段階とされ、身振りや動作を用いて思考することができるとされます。この時期になると象徴的遊びが行われ、物のしくみなどについての推理も行うようになっていきます。テレビを見たいから「テレビ」と言っているような時期から、「テレビって生きてる。しゃべるから」のような推理を（間違っているとしても）するようになっていくのです。

親子関係、社会との関係の成立と愛着

心理学において重要な概念に性格（の個人差）があります。生後すぐの乳児に目立った差異は見られませんが、1歳頃になると

106　第Ⅱ部　心理学で日常生活を読み解く

周囲からの刺激や人に対する反応の個人差が目立つようになり，気質という概念で表されます。たとえばバスとプロミンは気質を生物学的基礎をもつものとして位置づけ，情動性，活動性，社会性という３つの次元で考えることを提唱しています。

さて，発達心理学において，親と子の間に形成される緊密かつ情緒的な関係を愛着関係とよびます。生後直後はさまざまなヒトに愛着行動を示していますが，それがやがて１人に絞られるようになります。頻繁な相互交渉に基づき特定の人をその人だと認め，その人を求めるようになります。８カ月くらいになると，見知らぬ人への恐怖心が生まれ（人見知り：８カ月不安），また，親しい関係を築いた人と離れることが苦痛になります（分離不安ともよばれます）。母親への後追い行動が見られ，極端な場合には，母親がトイレでドアを閉めることさえできなくなる時期もあります。２歳半から３歳以降になると，愛着を成立させた人物が目の前からいなくなってもやがて戻ってくることがわかり，後追いなどをしなくなります。ボウルビーは，特定の個人との安定した信頼関係の確立が対人関係一般のモデルとしても働くと考え，表象モデル，内的作業モデルとよびました。

エインズワースは愛着の個人差を理解するためにストレンジ・シチュエーション法（図4-5）を考え出し，愛着が，回避型，安定型，アンビバレント（両価）型の３タイプに分かれると提案しました。回避型，両価型をあわせて不安定型とよびます。回避型は，親がいなくなっても無関心であり，戻ってきた親に対して目をそらすなどの行動を示します。安定型は分離に際し，表象モデルが安定しているため，多少の混乱を示すにとどまり，戻ってきたときには積極的に近づき身体接触などをします。また，新奇な人物が現れたとき，親を愛着基地（安全基地）として用いることができます。アンビバ

第４章　人が生まれてから死ぬまで　107

図 4-5　ストレンジ・シチュエーション法

① 実験者が母子を室内に案内、母親は子どもを抱いて入室。実験者は母親に子どもを降ろす位置を指示して退室。(30秒)

② 母親は椅子にすわり、子どもはおもちゃで遊んでいる。(3分)

③ ストレンジャーが入室。母親とストレンジャーはそれぞれの椅子にすわる。(3分)

④ 1回目の母子分離。母親は退室。ストレンジャーは遊んでいる子どもにやや近づき、はたらきかける。(3分)

⑤ 1回目の母子再会。母親が入室、ストレンジャーは退室。(3分)

⑥ 2回目の母子分離。母親も退室。子どもは1人残される。(3分)

⑦ ストレンジャーが入室。子どもを慰める。(3分)

⑧ 2回目の母子再会。母親が入室しストレンジャーは退室。(3分)

(出典)　繁多, 1987 より作成。

レント型は親と分離するときに混乱し泣き叫んだりします。戻って
きた親に対しては身体接触を行いますが敵意をもっており，叩くよ
うな行動が見られます。

4 社会の広がり，個性の分化

●幼児期

心の理論——認知発達
と自己の芽生え

　幼児期の子どもの認知の特徴は，表面的な
「見え」に影響されるということです。ピ
アジェによれば直観的思考段階です。すで
に説明した3つ山課題において，自分と対面にいる人の見え方が自
分の見え方と違っているということが理解できないし，保存課題に
おいても見た目の多さが全体の量を規定すると考えてしまいます。
たとえば，細身のコップの水を大きな皿に移すと，「高さ」という
次元が「量」を表すと直観的に理解してしまい，水は減ったと考え
ます。皿からコップに水を戻すと，水は増えると考えてしまい，量
の保存が確立していない段階です（後掲の表4-2を参照）。

　近年では，幼児期には心の理論が獲得されるという考え方が現れ
ました。心の理論とは，他人の心の働きを推測する枠組みです。対
人関係の根本を支える知識体系であるといえます。自分が欲求や目
標に基づいて行動するように他者が行動する，ということを理解し
て尊重することができるのが，心の理論をもつということなのです。

　ある人が心の理論をもっているかどうかを査定（アセスメント）
するために開発されたのが「心の理論課題」です。サリー・アン課
題（図4-6）はその代表的なものです。

　心の理論の成立の有無は，自閉症などの発達障害と関連して言及
されるようになってきました。すなわち，心の理論についての発達

第4章　人が生まれてから死ぬまで　109

図 4-6 サリー・アン課題

の遅れが社会的コミュニケーション不全の原因の1つになっているとされているのです。

個性の成立と仲間関係

子どもの個性は幼児期になるとかなり明確になってきます。トマスらは，生後5年間の子どもの気質を研究するために，直接観察，親や保育者への質問，心理テストなどを用いて検討を行いました。その結果，彼らは子ど

もの気質は次の9つの次元上で区別がつけられるとしました。「活動性」「生物的機能の周期性」「新規刺激への接近・回避」「順応性」「反応の閾値」「反応の強さ」「気分の質」「散漫性」「注意の幅と持続性」です。また，彼らはこの9次元の評定をもとに子どもを以下の4タイプに分類できるとしました。すなわち，「扱いやすい子」「扱いにくい子」「平均的な子」「時間のかかる子」です。トマスらは扱いにくい気質の子が10％ほど存在すると指摘しました。

　扱いにくい子とは，生理的リズムが不規則で，変化や新規な刺激・状況に対する不適応性や遅い適応性があり，不機嫌になりやすく，その気分を強く表出するというタイプです。親にとっては，育てるときに「難しい」と感じやすい子どもです。トマスらはこれらの子どもが思春期までに何らかの問題が見られたかどうかを検討していますが，それによると「扱いやすい子」では何らかの問題行動を経験したのが18％程度だったのに対し，「扱いにくい子」では70％，「時間のかかる子」では40％だったとしています。

　ただし，幼児期の気質が思春期の問題行動にストレートに影響するわけでもないことは明白です。トマスらがここで，「扱いにくい」などの語を用いたのは，子どもの気質が親に影響し，親がまた子どもに影響するということを想定してのことでしょう。もちろん，多くの親は子どもが扱いにくくても良質の子育てを行えますが，場合によっては子どもの気質に影響を受けて親の育児の質が低下し，それがまた子どもの気質に影響するということも考えられます。子どもの気質の理解にも関係論的な視点が必要とされてきています。

反抗期と子どもの嘘

　3歳くらいになると反抗期とよばれる時期になります。思春期にも反抗期はあるため，一般に第一次反抗期とよばれるこの時期は，自己の成立，自己主張

の始まりと裏表の関係にあります。親から見ると，それまで何でも言うことを聞いていた存在が，親の意図に反することをし始めるのですから，非常に困惑しときに怒りを覚えることになります。自分のやりたいことをやり通すのと，周囲の言うことを聞かない（反対のことをする）のとでは少し異なりますが，食事中などは，「おはしで食べなさい」「手で食べるもん」のように，両者が混合したかたちで現れることもあります。

　この時期，親など周囲の人をショックに陥れるのが，子どもの嘘です。一般には3～4歳の子どもの半数ぐらいが嘘をつくことが可能になります。親から見ると，親への反逆，欺き，と見える行動ですが，事実と異なることを言うという想像力，事実と異なることを言うほうがよいという判断力が成長していることを示しています。そして，嘘がバレることはないという認知能力の限界をも示しています。大人が嘘にショックを受けるのは，わが子が言っていることが嘘だとわかるからです。逆から見れば，子どもの嘘というのが他者からバレやすいということを示しているわけです。嘘というのは認知能力の発達の目印でもあるのです。

5　知識の獲得

●児童期

認知発達と初等教育

　小学校入学頃を契機として，子どもは認知的に次の段階を迎えます。すなわちピアジェのいうところの具体的操作段階です。前の時期の直観的思考段階との違いを，保存課題についてまとめたのが表4-2です。

　ただし，さまざまな「保存」が同時期に成立するわけではなく，「保存概念成立のデカラージュ（ずれ）現象」として知られていま

表 4-2　直観的思考段階と具体的操作段階における子どもの思考の特徴

ピアジェの課題		直観的思考段階	具体的操作段階
数の保存	○○○○　⌒⌒⌒⌒	子どもは2つの列の長さや密度の違いに惑わされて，並べ方しだいで数が多くも少なくもなると判断する。	子どもは，2つの列は長さと密度が異なるが，ともに同じ数であることを理解する。
液量の保存	A B C	子どもはA，Bの容器に等量の液体が入っていることを認める。それからBをCに移し替えると液面の高さに惑わされCのほうを「たくさん」と答えたり，容器の太さに惑わされCのほうが「少しになった」と答える。	子どもはA，Bの容器に等量の液体が入っていることを認める。それからBをCに移し替えると，液面の高さは変わるが，CにはAと等しい液体が入っていることを理解する。
物理量と重さの保存	A B C	子どもはA，Bの粘土のボールが等しい量で，同じ重さであることをまず認める。それからBをつぶしてCのソーセージ型にすると，大きさの違いや長さの違いに着目して，量は変化し，重さも変わると答える。	子どもはA，Bの粘土ボールが等しい量で，同じ重さであることをまず認める。それからBをつぶしてCのようにしても，それはBのときと等しい量でしかも同じ重さであることを理解する。
長さの保存	A B	子どもは個数の異なった積木を使って，Aと同じ高さの塔をつくることができない。	子どもは個数の異なった積木を使って，Aと同じ高さの塔をつくることができる。

（出典）内田，1991 より作成。

第4章　人が生まれてから死ぬまで

す。一般に，数の保存は6〜7歳，量や長さの保存は7〜8歳，重さの保存は9〜10歳頃に成立するとされます。

> **自己のジェンダーの認識，同性集団，ギャング・エイジ**

人間の性別を，生物学的なものとしての性差（sex）と心理・社会的なものとしての性差（gender）に分けて考えるようになったのは1960年代以降のことです。

ヒトは生物学的な性別をもって生まれてきますが，それがジェンダーとして形成されるのは社会からの影響があってのことです。多くの社会では，名前は男女別に考えるのが普通です。また，他者の出産祝いの際に生物学的性差を意識することは多いでしょう（男の子に青い服を贈る，女の子に人形を贈る，など）。

このような環境のもと，ヒトは自己の性別に関心をもち，みずからをカテゴリー化していきます。一般に2歳半頃までに自分の性別カテゴリーを理解し（性別ラベリング），みずからの行動に影響が現れます。つまり，自身の性別ラベリングはさまざまな行動に影響を及ぼすのですが，それは社会が性別行動を求めることが多いからです。ヒトが成長して社会の一員になることを社会化といいますが，社会は性別ごとの行動規範を定めているのです。

バンデューラは，人間は直接的な学習だけではなく，間接的な学習（模倣）によってさまざまなことを学ぶとして社会的学習という概念を提唱しました。その研究によれば，子どもは3歳頃になると，自分と同じ性別のモデルが行った行動を模倣しやすいことが示されています。つまり，自分の性別がわかり，他者の性別がわかり，そのうえで，同じ性別の子どもの行動を行うことがふさわしいという判断ができるということです。

いっぽうで，性別の永続性については5歳頃まで確立していませ

ん。髪型や洋服を変えると性別が変わると思っていることさえある
といいます。

　小学生の低学年においては，性別ごとにグループ化して行動をと
もにする傾向が見られ，場合によっては性別間での対立が見られま
す。同性集団による仲間づくりの時代を**ギャング・エイジ**とよびま
す。この時点での仲間関係は，後の仲間関係のように共通の趣味や
価値観によるのではなく，同じクラス，近所に住んでいる，などの
偶発的要素によって形成されるため，場合によってはいじめなどが
起きやすくなります。

　異性同士は，集団では反発し合うものの，個人レベルでは好きな
異性を意識することも多くなり，女子では「バレンタインデー」に
異性に対してチョコレートを贈るなど異性への関心が芽生えてきま
す。そして，小学生の高学年になると，とくに女子において第二次
性徴が始まり思春期に移行することになります。

いじめとその被害

　図 4-7 は，文部科学省の調査によるいじめ
の認知（発生）件数の推移です。

　いじめは「一定の人間関係のある者から，心理的・物理的な攻撃
を受けたことにより，精神的な苦痛を感じているもの」と定義され
ます（文部科学省）。この定義は 2006 年から用いられるようになっ
たのですが，それ以前は，「自分より弱い者に一方的な攻撃を継続
的に加え，相手が深刻な苦痛を感じているもの」でした。この 2 つ
を比べると，強い - 弱いという力関係，継続性，被害者の深刻さな
どは新しい定義から外れていることがわかります。いじめはきわめ
て日常的な行為として問題視されるようになったのです。

　いじめ行為には，暴力をふるう，言葉で傷つける，無視をする，
金品要求などが含まれます。いじめは自殺や殺人（過失致死）など

第 4 章　人が生まれてから死ぬまで　115

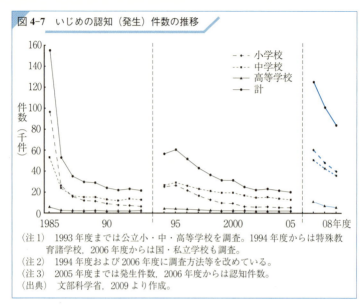

図 4-7 いじめの認知（発生）件数の推移

(注1) 1993年度までは公立小・中・高等学校を調査。1994年度からは特殊教育諸学校，2006年度からは国・私立学校も調査。
(注2) 1994年度および2006年度に調査方法等を改めている。
(注3) 2005年度までは発生件数，2006年度からは認知件数。
(出典) 文部科学省，2009より作成。

命に関わる事件に発展することもあります。たとえば極端なケースでは，ある個人に対して，つねに金品を要求したあげく，思いあまった被害者がついには自殺に及ぶというようなことも起きます。

　現在のいじめは多様化しています。学校においては，集団対個人というかたちで，強弱の関係がつくられること，また，いじめ－いじめられの関係は一定の継続性はあるものの，いじめられる個人が固定されないこと，などが特徴的です。さらに最近では，インターネットの掲示板上で特定の個人を取り上げるかたちでのいじめ，「ネットいじめ」なども見られています。ネットいじめにおいては，攻撃側が匿名だという特徴があります。文部科学省が2008年に発表した平成19年度「児童生徒の問題行動等生徒指導上の諸問題に関する調査」によれば，「携帯電話等を使ったいじめ」は5899件で，いじめの認知件数に占める割合は5.8%でした。

総務庁が1999年に行った「低年齢少年の価値観等に関する調査」のデータによればいじめを「よくない」と思う子どもは全体の9割であり，いじめを行うことは1割程度でしたが，「よくないとは思わない」とする1割ほどの子どもの場合にいじめを行ったのは3割程度でした（伊藤，2006）。また，森田・清永（1994）によれば，悪い-悪くない，という判断のほかに，面白い-面白くない，という判断軸があり，悪いと思っても面白ければいじめを行う子どもがいることを指摘しています。いじめの定義は広いのですが，その広い定義について「よくないことだ」と思わせることがいじめをなくす1つの方策でしょう。

　いじめの被害者は抑鬱・不安傾向が高くなる傾向にあり，ときに自殺に至ることさえもあります。また，被害が持続しがちでもあります。

　いじめ被害を乗り越えられたか，という観点からの調査が深谷・深谷（2003）によってなされています。首都圏の大学生・短大生を対象にした調査であり，小中学校時代にいじめがなかったとした者は15％ほどでした。また，自身がいじめられた経験がある者について，乗り越えられたかどうかを尋ねると，乗り越えられないとした者は5％でした。数値として小さいことをまず強調したいと思います。そのいっぽうで，実数としてはけっして小さな数字ではなく無視できるものではありません。

　大学生および専門学校生301名（平均年齢19.7歳）を対象にいじめ被害の持続について検討した荒木（2005）の研究によれば，いじめ被害体験者は青年期後期においてとくに対人的ストレス・イベントを多く体験しているわけではないにもかかわらず，非被害体験者よりも適応状態が悪い傾向が見られました。

　この研究の対象者は大学や専門学校に通っている人ですが，中に

は社会との関係を絶ち，いわゆるひきこもり状態になる人もいるでしょう。

6 人生は悩むこと

●思春期・青年期

心身の成長とアイデンティティの確立

第二次性徴が始まる時期を青年期前期とよんだり思春期とよんだりします。女子では7，8歳，男子では9歳ぐらいからこうした変化が現れる人が出てきます。人より早い成熟は，男女とも内面の混乱や他からのからかいの対象となることがあります。身体変化が心理に影響を与える例です。

すでに述べたように，エリック・エリクソンは，人間の発達をさまざまな時期に現れる危機とその統合という観点から整理し，8つの段階が重要だと唱えました。たとえば，第1段階には信頼と不信という心理・社会的危機があり，それを乗り越えるのが発達課題だとしたのです（図4-8）。

青年期の発達課題は，自己同一性（アイデンティティ）の確立（と自己同一性の拡散）です。では，確立されるアイデンティティとはどのようなものでしょうか。①自己の不変性・時間的連続性についての感覚，②自分が目指すもの，望むものが明確になっている感覚，③他者から見られている自分が，本来の自分と一致しているという感覚，④現実の社会において自分を位置づけることができる感覚，という4つの側面から構成されているといいます（谷，2001）。

恋愛関係

青年期は恋愛に基づく関係構築もなされる時期です。好きな人に対する感情が単なる

118 第Ⅱ部 心理学で日常生活を読み解く

図 4-8　エリクソンの発達段階と各時期の発達課題

老年期							統合 対 絶望
成人期						生殖性 対 停滞性	
若い成人期					親密性 対 孤立		
青年期				自己同一性 対 同一性拡散			
児童期			勤勉性 対 劣等感				
幼児期		自発性 対 罪悪感					
乳児期後期	自律性 対 恥, 疑惑						
乳児期前期	信頼 対 不信						

(出典) エリクソン, 1973 より作成。

「好き」という感情だけではなく，人格的な尊敬に広がったり，性的な関係へと広がっていく時期です。

　リーはさまざまな文献（小説，文学書，哲学書など）を渉猟し，さらにカナダとイギリスの青年を対象にした面接調査の結果などをもとにして，恋愛関係を，愛他的な愛（agape），遊びの愛（ludus），狂気的な愛（mania），実利的な愛（pragma），美への愛（eros），友

愛的な愛（storge）という6類型に整理した理論を提唱しました。

ヘイザンとシェイヴァーは愛着理論を大人の恋愛のスタイルと関係づけました。安定型は，異性と安定した関係を築くことができやすいですが，アンビバレント型では，関係を築くことへの欲求と拒否への不安が見られ，回避型では，自分を信頼するあまり他者との情緒的関係を築きにくい，という特徴が見られます。

アイデンティティの混乱——さまざまな悩み・不適応・病理　第二次性徴が始まると，それまでの性別ラベリングとは異なるレベルで自身の性別（sex, gender）と向き合うことになります。身体や心理の変化に戸惑う場合も多いものの，多くの場合は身体変化に心理を合わせるかたちで適応していきます（性同一性の確立）が，なかには違和感が大きく生活全体のペースが乱れ，不登校などの原因となることもあります。

アイデンティティの確立が青年期の課題ですが，いっぽうで，モラトリアムとよばれる決定猶予の時期を経験する人も少なくありません。自分が何者であるかについて明確な像を描けず，アイデンティティを確立できないと，進路や未来に対しても展望がもてません。

青年期の場合は，進路のみならず，容姿，性格，学業成績，家庭問題（両親の不和），男女関係など，多くの悩みをもつなかで結果として自殺という行為に至る人がいるのも事実です。日本の青年期を15〜19歳，20〜24歳の2つに分けてその死因を見てみると，第1位，第2位は「不慮の事故」か「自殺」です。近年でも青少年の自殺は減少しておらず，その予防は大きな問題だといえるでしょう。

不登校，中退，ひきこもりなどは，それ自体では問題行動だと断定できませんが，標準的な社会行動のルートから長期にわたって逸脱することは，キャリア発達という面からは問題で，さまざまな支

援（当事者グループを含む）を適切に用いて，家庭や仲間集団だけではない社会生活が送れるようなスキルの習得が必要になります。

就「職」から「キャリア」発達へ

日本では一般に終身雇用システムが確立しており，職業に就く，という意味での就職が非常に重要な意味をもっていました。しかし，近年は産業構造の変化や，個人の人生選択の多様性（就職後に学生になるなども可能）により，職業という語に変わって「キャリア」という語が使われるようになってきました。キャリアとは，もともと轍が原義であり，各個人が通ってきた道のことを示します。人がそれまでの道のりで獲得した知識や技能のことを指す言葉であり，したがってかつてのように職に人が吸収されていくと考えるのではなく，職を通じて人が知識や技能を蓄える，という見方が一般的になってきたことを意味します。フリーターや転職がかつてのような否定的な意味をもたなくなってきたことも，このことと合致します。また，職業カウンセリングとよばれていたものは，現在では「キャリア・カウンセリング」とよばれるようになっています。

能力とキャリアの違いについても考えてみましょう。能力は心理学において，測定可能なものとして定義されてきました。そして知能の高い人は〇〇，低い人は△△など進路の振り分けに使われたことさえありました。それに対してキャリアとは，経験の総体を指しています。能力を測定するために他者の助けを用いたら不正確な測定といわれかねませんが，キャリアにおいては，さまざまな助けを得ながらでもさまざまなことができ，結果として経験が豊かである人が好まれます。したがって，キャリアを積ませるには，本人ができるかできないかより，多少の助けが必要で成し遂げられるような課題が重要です。これはヴィゴツキーの発達の最近接領域の考え方

第4章 人が生まれてから死ぬまで　121

と共鳴しています。さらに，社会に参加するためには一時的支援
（足場づくり）が重要だ，というヴィゴツキー派の文化心理学の考え
と一致します。

7 社会で活躍すること

●成人期・中年期

成人期の課題　現代の日本では高校進学率がきわめて高い
ため，人口の半分の人が高校卒業後に社会
にデビューし，大学に進学した場合にはその4年後に社会デビュー
を果たすことになります。

　成人期における主要なテーマは仕事を通じた社会との関係構築で
す。

　精神分析に基づく理論は中年期以降の考察があまりなされない傾
向にありますが，近年はさまざまな代替案が出てきています。たと
えばヴァイラント（Vaillant, 1993）はエリクソンが3段階にした成
人期を，5段階で考えることを提唱しています。エリクソンによる
有名な青年期の「自己同一性の危機」を乗り越えると，成人期であ
り，そこには「親密性 対 孤立」で表現される心理・社会的危機が
待っているとされます。ヴァイラントはその次の段階として「キャ
リア確立 対 自己没入」を提案したのです（氏家, 2006）。その他に
ついては表4-3に示します。

社会で生きること，親になること　成人の大きな課題は，仕事をすること，家
庭を築くことですが，いわゆる結婚圧力は
現代の日本では緩やかになり，また，「男
は仕事，女は家庭」という男女性別役割の固定化も緩やかになって

122　　第Ⅱ部　心理学で日常生活を読み解く

表 4-3　エリクソンとヴァイラントによる心理・社会的危機の段階説

親密性	対	孤立
キャリア確立	対	自己没入
生殖性	対	停滞性
意味の守り手	対	硬直性
統合	対	絶望

(注)　青色の箇所がヴァイラントが提唱した段階。他はエリクソンによる。
(出典)　Vaillant, 1993 より作成。

図 4-9　「夫は外で働き，妻は家庭を守るべき」という考え方に反対の人の割合

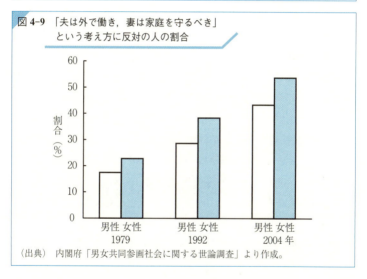

(出典)　内閣府「男女共同参画社会に関する世論調査」より作成。

きています。内閣府が行った調査によれば，「男は仕事，女は家庭」に反対する人の割合は1979年，1992年，2004年と増えています（図4-9）。またいずれの年でも女性のほうが高率です。ただし欧米諸国に比べると「男は仕事，女は家庭」と考えている人は多いようです。

実際に，男女とも家庭と仕事の両立をするには，社会における役

割の分担，家庭における役割の分担，社会的な支援，が必要ですが，何よりも，個々人が固定的性別役割を放棄し，未来への展望を描いておくことが大事です。

さて，どのような役割をとるにせよ，近年ではストレスということが問題になってきています。ストレスはもともと，生理学者のセリエが打ち立てた概念ですが，心理学や社会学でも用いられるようになり，近年では日常語として定着しました。

家事・育児には育児ストレスがあり，職場には職場のストレスがあります。日本の社会は，精神論的なところがあり，有給休暇もとらず，猛烈に働き会社に尽くすことが美徳として考えられていました。ところが，近年では，こうした風潮は変わり，余暇を楽しむことが重視されるようになっています。精神衛生についても関心がもたれるようになっています。ある調査によると，2003年度にメンタルヘルスに取り組んでいる企業の比率は，従業員数が1000人以上の企業では90%を超えており，300人以上の企業でも65%が導入しているとのことです（小杉・川上，2004）。

自殺も中高年にとって重要な問題です。日本では1998年以降自殺者が3万人を超えていますが，景気動向とも強く関係しています。

8 円熟と終末と

●老 年 期

機能低下か熟達か──
自分なりの人生総仕上げ

老年期は人生機能の下降が著しく，したがって発達という考え方には似合わないという考えは過去のものになり，生涯発達心理学という視点からさまざまな研究が行われるようになってきました。

まず，知能研究において，キャッテルとホーンが知能の結晶性と

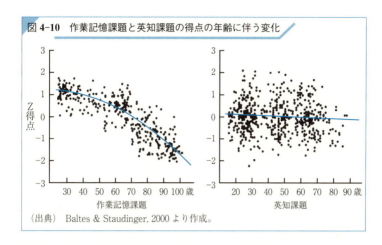

図 4-10 作業記憶課題と英知課題の得点の年齢に伴う変化
（出典） Baltes & Staudinger, 2000 より作成。

流動性という考え方を提唱しました。結晶性知能とは経験を通じて獲得された知識のようなものであり，流動性知能とは推論など情報処理のあり方に関係する能力です。キャッテルらは，この2つの知能は加齢の影響が異なっており，結晶性知能は年齢にかかわらず安定していますが，流動性知能は加齢に伴って機能低下が起きると主張しました。

ところが，生涯発達心理学という考え方を推進したバルテスは，さまざまな実証的研究をもとに反論を行ったのです。とくに，経時的（一般的には縦断的という。同じ対象を追跡してデータをとること）な研究を行い，流動性知能が必ずしも年齢によって低下しないことを示しました。

また，バルテスらは，英知（wisdom）という概念を提唱し，それが必ずしも年齢に伴って低下するわけではないことを示しました。

図 4-10 において左側の図が，発達の一般的なイメージでしょう。すなわち，年齢とともに能力（流動性知能の1つと考えられる作業記憶）が低下していくという衰退のイメージです。しかし，右側を見

ると，年齢に伴う変化がほとんど起きていません。バルテスらは
「英知」を「人生で遭遇する根本的で難しい問題に熟達した知識」
であると定義しており，彼らの研究によれば年齢によって衰退しな
いことが示されたのです（ただし，年齢とともに上昇もしていません）。

　老年期になれば，身体や病気と同様に知的側面の機能崩壊が起き
る場合はないわけではないですが，必ずしも知的能力が低下・衰退
するわけでないこともまた事実です。

第5章 心を測る

心理学的アセスメント

Introduction

「心理テスト」という言葉を聞いて、それがどんなものを指しているのかまったくわからない人はいないでしょう。テレビや雑誌では星占いや生まれ月による運勢判断と並んで、「あなたが今日着て行きたい洋服の色は何?」といった質問から性格や考え方の特徴がわかるという「心理テスト」が常連のメニューになっています。

こうした心理テストに共通した特徴は、人間の心という、それ自体はものさしをあてたり重さを量ったりできない「もの」を、何かの材料からとらえようとしている、ということです。心という「もの」を研究対象にしてきた心理学も、そうした心理テストと同じように、人の心を測るための道具を長年にわたって考案し、改良してきました。そうした「心を測る道具」は、心理学的アセスメントとよばれます。

雑誌に載っている「心理テスト」も心理学的アセスメントなのでしょうか? もしそうだとして、それは心理学者がつくってきたものとどのような共通点と相違点をもっているのでしょうか。本章では、心理学的アセスメントの基本的な考え方について考えていきたいと思います。

1 心理学的アセスメントの歴史

　心理学では研究や実践のためにさまざまな「測定」を行います。そうした測定には，錯視図形を見せたときの錯視量の測定，刺激が与えられてから反応が生じるまでにかかる反応時間の測定，条件づけの実験でラットがレバーを押す数の測定（第7章）などもありますが，普通はそうした測定を心理学的アセスメントとはいいません。心理学的アセスメントが測定するのは，1人ひとりがもっている心の特徴が人によってどのように異なるか，いいかえれば「心の個人差」です。

心理学的アセスメント
の誕生

　心理学がそうした心の個人差に興味をもち，測定しようと考えた歴史は，じつはそれほど古いものではありません。第8章でもくわしく考えるように，130年ほど前にドイツで生まれた「学問としての心理学」がおもな目標にしたのは，知覚や思考など心の基礎になる機能について，すべての人間に共通した基本的なしくみを科学的に分析することだったので，心の個人差やそれを測定することにはほとんど興味が払われませんでした。

　そうしたなかで，いまの心理学的アセスメントにつながる考えがはじめて生まれたのは，19世紀のイギリスです。ゴルトンは人間のさまざまな特徴を測定し，統計的に分析する方法を考案するとともに，その方法を知能や能力，性格などといった心の個人差の測定に結びつけました。しばらくしてフランスではビネが知能検査を開発して，心の個人差を測定する基本的なしくみを生み出しました。

128　第Ⅱ部　心理学で日常生活を読み解く

| 心理学的アセスメント
| の発展

ゴルトンやビネによって蒔かれた心理学的アセスメントの種が，心理学の中で大きく花開いたのが 20 世紀のアメリカです。新世界アメリカでは，ヨーロッパの階級社会とはまったく違う社会が出現して，人が生まれや家柄ではなく実力で選ばれ，活躍の場が与えられるようになっていました。そうした社会では個人の能力や実力，さまざまな特徴を客観的に測定して，教育や雇用の基準として利用することが強く求められました。そうした社会的ニーズに応えたのが心理学的アセスメントで，本章の後のほうでくわしく説明する心理学的アセスメントのほとんどが，この時代のアメリカで大きく発展したものをもとにしています。

その後も知能や性格，発達などさまざまな領域で「心の個人差」を測るためのたくさんのアセスメント技法が開発され，利用されています。最近では教育や福祉の領域でも，利用者の個性や心理的特性を正確に把握し，それに対応した支援を行うことが重視されるようになったことから，心理学的アセスメントの社会的重要性はますます高まっています。

2 心理学的測定の考え方

冒頭でも述べたように，心理学的アセスメントは知能や発達，性格など，「それ自体」は目で見たりものさしをあてて測定したりできない心理学的概念を対象にしているため，独自の考え方と方法に基づいて構成されています。心理学的アセスメントの考え方を理解する 1 つのキーワードが操作的定義です。

第 5 章 心を測る　129

操作的定義と 心理学的測定

操作的定義とは，目に見えないものを，それをとらえるための一定の手続き（操作）からとらえることを指す，もともとは物理学に由来する考え方です。酸素は目に見えないですが，箱の中に酸素があるかないかはその箱の中でマッチに火をつけてみればわかります。「酸素がある状態」は「マッチに火をつける」という目に見える操作を通じてとらえることができるのです。心理学の場合も，「明るい性格」そのものは目に見えません。しかし明るい性格を「いつもニコニコしていること」と考えれば，ある人が「いつもニコニコしているかどうかを観察する」という目に見える手続きから，その人が明るい性格であるかどうかをとらえることができる。これが操作的定義の考え方です。

操作的定義に基づくアセスメントの方法が最も早く確立されたのは知能検査でした。ビネはいまでいう特別支援教育の対象者を選定するために，子どもの知能を測る手続きを考案しました。ビネは知能という目に見えないものを，「20までの数字が数えられるか」「反対の意味の言葉が言えるか」「ロウソクに火をつけられるか」といった，知能が高ければ達成できて知能が低ければ達成できない多数の課題におきかえました。そして，そうした課題1つひとつを対象者に実施して，どれだけ達成できるかを確認するという手続きから，知能をとらえようとしたのです。

いっぽう性格のアセスメントでは，特定の性格特性をその特性をもつ人がとりやすい一群の行動におきかえ，それらの行動をどのくらいとるかを観察したり，質問紙の項目として本人に質問したりする手続きから性格をとらえようとしています。

このように操作的定義の考え方に基づいて，目に見えない心理学的概念をその概念と関係のある課題や質問への反応のような目に見

える行動におきかえ，その行動を測定する手続きによって心理学的概念をとらえる，というしくみを心理学的測定といい，それに基づいてつくられた知能検査や性格検査などの手続きを心理学的尺度といいます。心理学的アセスメントの多くは，心理学的測定のしくみを用いた心理学的尺度の性質をもっています。

信頼性と妥当性

しかし，こうした手続きに基づいて構成された心理学的アセスメントがどれも正しく，有用であるわけではありません。あるアセスメント手続きが正しく，有用であるというためには，信頼性と妥当性という2つの条件が満たされていることが必要です。

信頼性とは，そのアセスメントを構成する心理学的尺度が十分な性能をもち，正確であることをいいます。古い知能検査に「飛んでいる鳥の数が数えられる」という課題が含まれたことがありましたが，すぐに取り除かれました。なぜなら，その課題の達成度は飛んでいる鳥の数や鳥の種類によって大きく変動してしまい，知能を測るためには信頼性が低いからです。同じように，繰り返し測定するとそのつど結果が変わってしまうような課題や項目，誰が実施するかによって成績が大きく変わってしまうような検査は信頼性が低いため，役に立ちません。心理学的アセスメントの作成では，同じテストを2回実施して結果が一致するかを確かめる（再検査信頼性）など，さまざまな方法で信頼性のチェックが行われます。

妥当性とは，そのアセスメントが対象となる心理学的概念を本当に測定できていることをいいます。検査結果から本当にその人の性格がわかる性格検査は妥当性が高いし，検査結果から性格がわからない性格検査は妥当性が低いといえます。アセスメントの妥当性は，究極的にはそのアセスメントが採用している操作的定義がどれだけ

第5章 心を測る　131

正しいかによって決まりますが，アセスメントの対象が目に見えない以上，操作的定義の正しさを直接証明することはできません。そのため，アセスメントの妥当性はアセスメント結果の有用性などから間接的に検討されることが多くなります。

たとえば，ある知能検査の結果が，学業や職業など知能が役立つと思われる行動の成績と強く関係しているなら，その知能検査の妥当性が高いことが推測されるし（基準関連妥当性），攻撃性検査の点数が高かった人が，その後も攻撃的な行動を繰り返し示したとしたら，その検査の妥当性は高いと思われます（予測妥当性）。ただしこうした妥当性は，操作的定義の正しさ以外のさまざまな要因にも影響を受けるため，アセスメントの妥当性を決定的に確認することは難しいとされます。

現在さまざまな領域で活用されている心理学的アセスメントの大多数では，実用化前の段階で信頼性と妥当性の確認手続きが行われ，ある程度の信頼性と妥当性をもつことがデータによって保証されています。

操作的定義によらないアセスメント

心理学的アセスメントの多くが，操作的定義による心理学的測定の手続きを採用していることは先に述べましたが，そうでないアセスメントも存在します。操作的定義によらないアセスメントのほとんどは，その人がもつ，測定対象とは別の特徴から心の個人差を推測しようとするものです。

こうしたアセスメントの考え方の歴史は古く，人相から気質や性格を推測しようとする人相学，骨格や頭蓋骨の形から知能や行動を推測しようとする骨相学などがそれにあたりますし，日本で流行している血液型性格判断も，血液型という生理学的な特徴からその人

132　第Ⅱ部　心理学で日常生活を読み解く

の性格を推測しようとしています。これらは生まれ年や誕生日の星座から運命や性格を推し量ろうとする「占い」と似た構造をもつため，占い型のアセスメントとよぶこともできます。

　後で述べるように，心理学的アセスメントとして用いられている占い型アセスメントも少数ながらありますが，こうしたアセスメントのほとんどが，そもそも「それで本当に性格がわかるのか」という深刻な妥当性の問題を抱えています。

3　知能のアセスメント

　心理学的アセスメントの中で最も早くから発達し，現在のアセスメントの基礎をつくったのが知能のアセスメント，つまり知能検査です。知能とは知的な課題を処理する能力のことであり，その人の「頭のよさ」を示す心理学的な概念です。知能には比較的大きな個人差があり，とくにそれが通常よりも著しく低い場合には特別支援教育などのケアが求められます。ケアを必要とする人を特定し，知能の程度に合わせた支援計画を立案するために知能検査は欠かせないツールとなっています。

ビネ型知能検査と
年齢尺度法

知能検査のうち，20世紀はじめにフランスのビネらによって考案されたアイデアを基礎に発展してきたのがビネ型知能検査です。ビネ型知能検査の大きな特徴は，年齢尺度法とそれに基づいた知能指数の計算です。

　ビネ型知能検査では，操作的定義によって得られた知能測定のための課題群が，年齢ごとのまとまり（年齢尺度）になっています。

第5章　心を測る　133

図5-1 田中ビネー知能検査

(出典) 筆者撮影。田研出版株式会社の許諾を得て掲載。

各年齢の年齢尺度は,その年齢で標準的な知能をもつ人が達成できるような課題に標準化されており,たとえば5歳級の課題がすべて達成できた人の精神年齢は1つ上の6歳,7歳級の課題がすべて達成できると8歳と判定されます。精神年齢が実際の年齢(生活年齢)より高い場合は知能の発達が進んでおり,精神年齢のほうが低い場合は知能が遅れていると考えます。

そうした知能の進みや遅れの度合いを1つの数字で表したのが知能指数(IQ)です。年齢尺度法による知能指数は以下の計算式によって算出され,精神年齢と生活年齢が一致している場合の知能指数は100となります。

知能指数(IQ)＝精神年齢÷生活年齢×100

一般に,知能指数が70を下まわる場合を知的発達遅滞(知能の著しい遅れ)と考えます。なおビネ型知能検査では年齢尺度法の原理上,年齢による差より個人差のほうが大きくなる成人の知能の測定

は不正確になりがちです。ビネ型知能検査で日本向けに標準化されたものには田中ビネー知能検査（図5-1），鈴木ビネー知能検査がありますが，鈴木ビネー知能検査は現在はあまり用いられていません。

ウェクスラー型知能検査と偏差知能指数

1930〜40年代にアメリカのウェクスラーが開発した知能検査は，それまでのビネ型とはいくつかの点で異なっています。まずビネ型では1つのものとして測定されていた知能が，ウェクスラー型では言語性知能（言葉や概念をうまく扱える力）と動作性知能（手先や体の運動の器用さ）に区別され，それぞれにおける知能の高さと，全体としての知能の高さが測定できるようになっています。

それに加えて，ウェクスラー型知能検査では年齢尺度の考え方をとらず，各年齢ごとの検査得点の平均値と標準偏差をもとに，対象者の得点が自分の年齢の平均値からどれだけずれているかによって知能指数の高低を定める偏差知能指数（DIQ）が用いられています。このことにより，ビネ型知能検査では難しかった成人の知能指数もきちんと計算できるようになりました。偏差知能指数は以下の計算式によって算出されます。

偏差知能指数（DIQ）

$$= 15 \times \frac{\text{個人得点} - \text{同年齢母集団の平均得点}}{\text{標準偏差}} + 100$$

個人の知能のありさまを知るためには年齢尺度による知能指数より偏差知能指数のほうが有効であるため，最近ではビネ型知能検査でも，成人の知能指数は偏差知能指数を用いて算出されるようになっています（上の式の15を16にして算出）。ウェクスラー型知能検査には成人用（WAIS），児童用（WISC）などの種類があり，いずれも日本向けに標準化されて広く用いられています。

第5章　心を測る　135

知能指数と
「頭のよさ」

知能検査や知能指数についての知識は現在広く行き渡っているので，「頭がよい」という意味の表現として「知能指数が高い」といったいい方がされることも少なくありません。しかし知能指数はあくまでも同じ年齢で比較したときに標準や平均からどれだけずれているかを示しているだけで，それ自体が頭のよさを指し示すものではないですし，IQ 200 の人が IQ 100 の人より「2 倍頭がよい」というわけでもありません。また，実際の社会生活で周囲から頭がよいとされる人には，知能検査では測れない「社会的知能」の高さが求められるともいわれます。知能指数＝頭のよさとはいえません。

4 発達のアセスメント

医療や福祉，教育の領域では，知能以外の面でも子どもの発達の進行具合を比較することが必要になることがあります。そうした目的で用いられるのが発達検査です。また，生涯発達の最終ステージである老年期に生じる認知症などの障害の度合いを測定するための検査も各種開発され，利用されています。次に，そうした発達のアセスメントについて考えます。

発達検査

乳幼児期の身体面・行動面での発達の遅れは，大半が児童期までに追いつくものの，ときには重大な発達障害の指標となります。発達状態のチェックは乳幼児健診等における診察や観察が大切ですが，とくに行動面での発達の遅れを確かめるためには標準化された検査が用いられることが多いです。

136　第Ⅱ部　心理学で日常生活を読み解く

そうした発達検査としてよく用いられるものに，遠城寺式乳幼児分析的発達検査法，津守式乳幼児精神発達診断法，新版Ｋ式発達検査などがあり，いずれも操作的定義に基づいた行動のチェックによって発達の進度を測定しようとする心理学的測定です。たとえば新版Ｋ式発達検査では運動面，目で見てわかる力・手指操作，言葉・コミュニケーションなどについての課題が達成できるかを調べることで，その子どもの発達上の年齢を推定し，それを生活年齢と比較することで発達の進み遅れがわかるようになっています。こうした手続きからもわかるように，発達検査の多くは知能検査と類似した構造になっており，測定内容も知能検査との重なりが大きくなります。

最近では自閉症（広汎性発達障害）のような対人関係やコミュニケーションに関わる発達障害が注目されていることから，従来の発達検査がそうした障害を診断する目的に利用されるとともに，そうした発達障害をとくに対象にした発達検査も開発されています。

認知症の検査

認知症（老人性痴呆）とは，アルツハイマー病などの脳の障害やその他の原因によって，おもに老年期に著しい知能や記憶力の低下，人格の変容などが生じる病気です。認知症の治療やケアのために，認知症かどうかの診断，あるいは症状の程度を確認するために用いられる検査がいくつか考案されています。こうした検査でも，認知症でない人なら達成できる課題を列挙し，それが達成できる（達成できない）度合いから認知症の診断を行う，という心理学的測定の原理が用いられています。

そうした検査で最も代表的なものが改訂長谷川式簡易知能評価スケール（HDS-R）です。長谷川式スケールでは，年齢が答えられる

第５章 心を測る 137

か，いまいる場所がわかるか，計算や数字の復唱ができるか，見せてから隠した物を覚えていられるかなどの課題の達成得点が 30 点満点で 20 点以下である場合に認知症を疑うことになっています。臨床現場では，こうした検査と脳などの病理学的検査とを合わせて，認知症であるかどうかの診断を行います。

5 適性のアセスメント

　適性とは，その人がどのような活動や業務に向いているのか，あるいは向いていないかを指し示す心理学的概念です。適性が問題にされるのは就職や進学などの場面であり，そうした場面で個人の適性を測定するための適性検査が開発されています。

職業適性検査　一般的な職業適性検査の多くは，その人の職業への興味を測定する検査と，職業への適性を測定する検査を融合したものです。そうしたもので代表的なものが，採用場面で非常に多く用いられている SPI 2 です。SPI 2 は基本的な性格検査に加えて，言語的理解や数量的処理などの基礎能力，実務基礎能力，事務能力，英語能力などを総合的に測定して，対象者の職業適性を総合的に判定しようとしています。こうした適性検査も，適性や能力の操作的定義に基づいた心理学的測定として構成されています。後述する内田クレペリン精神検査も，適性検査として用いられることがあります。

適性検査の問題点　心理学の立場からは適性検査には多くの問題を指摘することができます。とくに，就

138　　第 II 部　心理学で日常生活を読み解く

職試験で特定の適性検査が多用されることから，多くの受験者が事前に適性検査の「受験勉強」をして検査に臨んでおり，検査結果が適性よりも事前の勉強量を反映するようになって，本来の測定対象を測定していないことが危惧されます。より大きな問題として「適性の存在自体が疑わしい」という主張もあります。職業適性が存在し，適性検査がそれを妥当に測定しているならば，適性があると判定された職種に就いた者は職業上の成功を収め，そうでない者は失敗しているはずです。しかし，そういった事実を科学的に信頼できるかたちで示しているデータは世界的に見ても非常に乏しいのが現状です。

とくに教育現場で適性検査を用いる際にはこうしたことを考慮して，検査結果から進路や職業を限定するのではなく，検査結果をよい参考として「適性を育てる」ことに留意することが大切です。

6 性格のアセスメント

心理学的アセスメントの中で，最も多くの検査が考案され，多くの側面からのアセスメントが行われているのが，性格を対象にしたアセスメントです。性格のアセスメントは検査等によらず本人の行動の観察や，面接などの方法で行うこともできますが，多くの場合は何らかの性格検査を用いて実施されています。

質問紙法性格検査
対象者に紙に書かれた質問に答えてもらい，その回答を分析して性格を測定しようとするのが質問紙法性格検査です。質問紙に並ぶ質問は，ある性格特性や性格の特徴をもつ人が示すであろう行動や感情，思考などのパタ

第5章 心を測る　139

図 5-2　YG 性格検査

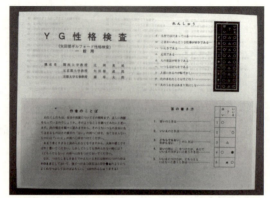

（出典）　筆者撮影。竹井機器工業株式会社の許諾を得て掲載。

ーンについてのもので，対象者はそうした質問に「はい・いいえ」または「あてはまる・あてはまらない」に○をつけることによって回答していきます。こうした項目の内容はその検査が測定しようとする性格特性の操作的定義によるものであり，質問紙法性格検査は典型的な心理学的測定といえます。

よく利用されている質問紙法性格検査に YG（矢田部＝ギルフォード）性格検査があります（図 5-2）。YG 性格検査では，120 の質問項目に回答していくことで，12 の性格特性をもつ傾向が測定できると同時に，対象者の性格を 5 つの類型に分類することができます。他によく使われる質問紙法性格検査として，ミネソタ多面的人格目録（MMPI），東大式エゴグラム（TEG）などがあります。また，性格心理学や社会心理学の研究目的で，さまざまな性格特性や欲求，行動傾向を測定する心理学的尺度が開発されていますが，こうした尺度の大多数は質問紙法のかたちで実施され，その測定値が研究に利用されています。

質問紙法性格検査は時間や手間，費用がかからず経済的であるとともに，実施や採点が容易で信頼性が高いことが利点です。いっぽうで質問紙法性格検査は対象者の言語能力や言語理解に結果が左右されること，意図的に嘘を答えることが容易であることなどから，妥当性の面では疑問が呈されることも多いです。

作業検査法　性格のアセスメントでは，操作的定義による心理学的測定の枠組みにあてはまらないタイプの性格検査も用いられています。その１つが作業検査法であり，対象者に一定の作業をさせて，そのやり方に現れる特徴や個性からその人の性格や職業適性などを判定しようとします。

　内田クレペリン精神検査（図5-3）は，クレペリンによる作業曲線のアイデアを日本の内田勇三郎が性格検査に発展させたものです。内田クレペリン精神検査では，1桁の足し算を1分ごとに区切りながら15分＋休憩＋15分の30分間にわたって行います。1分ごとの作業量は時間の経過につれてほぼすべての人で大きく変化するとともに，その変化のパターンには多くの人に共通の「定型曲線」が現れます。内田クレペリン精神検査では，個人の作業結果が定型曲線に一致しているか，一致しないとすればどのようにズレているかを見ることから，その人の性格や職業適性を判定していきます。

　内田クレペリン精神検査は50年以上前から日本やアジアの多くの国で採用試験などで幅広く利用されてきた実績があり，個人の曲線が長い時間を経てもほとんど変化しないなど高い信頼性を誇ります。他の尺度との関連も確認されていますが，作業曲線からなぜ性格や適性がわかるのか，という妥当性の根本的な部分はいまだに解明されていません。

第5章　心を測る　141

図 5-3 内田クレペリン精神検査

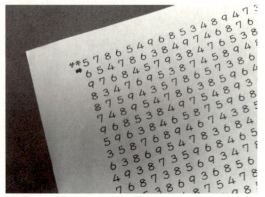

(出典) 筆者撮影。株式会社日本・精神技術研究所の許諾を得て掲載。

投影法検査

　操作的定義によらない性格検査のもう1つのタイプが，投影法検査です。投影法検査とは，人によって違ったものに見えるような曖昧な絵や図形，人によって違った意味にとれるような曖昧な言葉や文字などを対象者に示して，それらにどのような反応が返ってくるかによって，その人の性格や欲求，心の問題などをとらえようとする検査です。

　投影法検査で最も歴史の古いものがロールシャッハ・テストです。スイスの精神科医ロールシャッハは，無意味なインクのシミ（インクブロット）を自分の患者に見せたときに何に見えるかが，病気の種類や症状によって異なることに注目し，インクブロットへの反応の分析からその人の心の状態をとらえる検査を開発しました（臨床実践上の理由から，実物は掲載できませんので，似せてつくった図版を図 5-4 に示しました）。

　こうしてつくられたロールシャッハ図版へのさまざまな反応は，ロールシャッハの死後も分類・整理され，現在ではコンピュータに

図 5-4　ロールシャッハ・テストのイメージ

よる集計も可能になっています。しかし，集計結果をどのように解釈し，その人の性格をどう読み取るかについては判定者の経験や感性に任されることが多く，同じ検査結果についての解釈が判定者によって大きく異なることも珍しくないため，信頼性に問題があります。また，そもそもどうしてインクブロットへの反応から性格がわかるのか，結果の解釈が本当に正しいのかという妥当性の問題もつねに指摘されます。

それ以外の投影法検査としてよく使われるものには，主題統覚検査（TAT）や P-F スタディ，文章完成法検査などがありますが，いずれも信頼性や妥当性の面で大きな問題を抱えており，批判的・否定的な立場をとる心理学者が少なくありません。しかし投影法検査には，対象者本人に何がどう判定されるかわからないため，質問紙法のような嘘の反応が生じる心配がないこと，言語報告を経由しないために，対象者本人も意識していない心の動きがとらえられることなどの優位性があり，とくにカウンセリングなど臨床的な場面で

よく利用されています。最近では，ロールシャッハ・テストへの反応が対象者の認知過程の個人差を反映している可能性，投影法検査がカウンセラーとクライエントのコミュニケーションを促進する役割などについても議論されています。

7 心理学的アセスメントの問題点

本章の最初にも述べたように，心理学の成果の中で社会的に最も注目されているのは心理学的アセスメントですし，心理学の社会への貢献が最も大きいのも心理学的アセスメントです。しかしそれだからこそ，心理学は心理学的アセスメントの問題点や危険性についてもつねに認識していなければなりません。

まず気をつけなければならないのは，心理学的アセスメントの信頼性と妥当性は完全ではない，ということです。心理学者によって作成された検査の多くは，信頼性と妥当性についての一定の確認を経て世に出てはいますが，100％の信頼性，100％の妥当性をもったものは1つも存在しません。アセスメントの結果は他の情報と照らし合わせながら個性を理解するために用いられるべきで，アセスメント結果を特別視したり盲信したりすべきではないし，アセスメント結果と他の情報が矛盾するときには，まずアセスメントを疑うべきです。また，アセスメント方法も1種類だけでなく，複数の検査を並行して実施し，それらの結果を総合して判断すること（テストバッテリー）が大切です。

より大きな問題として，アセスメントの結果はあくまでもその人のごく限られた一部分にすぎない，ということも指摘しておきたいと思います。アセスメントが行われるのはごく限られた場所で，ご

144　第Ⅱ部　心理学で日常生活を読み解く

Column ⑦　メディアの「心理テスト」と心理学的アセスメント

　テレビを見ていると星座占いや血液型占いなどとともにさまざまな「心理テスト」が画面を賑わせています。雑誌を見ても心理テストは困ったときの特集記事として定期的に取り上げられています。さまざまなメディアに登場する心理テストと，本章で取り上げているような心理学的アセスメントはどこが同じで，どこが違うのでしょうか。

　メディアの心理テストの大多数を占めるのは，操作的定義によらない「占い型」テストです。たとえば「どんな恋をする？」テストでは「料理をつくるなら誰のため？」「材料が足りなくなったらどうする？」「片づけはすぐにやる？」といった，恋の仕方とは直接関係ない，人によってさまざまな反応をするような質問への反応から「あなたは超安定志向の恋愛をします」といった結果が得られます。「森を歩いていたらドアの閉まった家がありました，ドアを開ける？　開けない？」に「開ける」と答えると「対人関係に積極的なあなた」なんて結果が出るテストもやはり占い型で，投影法の性格検査に分類されるものでしょう。

　占い型が多いことは，本文でも述べたような信頼性と妥当性の問題につながります。こうしたタイプのアセスメントはもともと信頼性や妥当性に疑問があるだけでなく，メディアに登場する心理テストの作成過程で心理学的アセスメントで行われるような信頼性と妥当性のチェックが行われていることは皆無といっていいでしょう。メディアの心理テストにはその方法が正確である保証も，結果が正しい保証もないのです。

　最近ではメディアの心理テストに，「心理学者」の肩書きをもつ署名がされている例があります。実際に大学に籍をおく心理学者がペンネームで心理テストの本を書いているという例も実在します。しかしそうした場合も，著者は「本物の」アセスメントの知識を都合よく心理テストにちりばめているだけで，けっして心理学的なきちんとした手続きで心理テストをつくっているわけではありません。メディアの心理テストはあくまでも遊びとして楽しみ，くれぐれも信じ込んで恋人と別れたりしないようにしてほしいものです。

第5章　心を測る　145

く限られた時間においてです。性格の章でも述べたように（第2章を参照），人間の性格や行動は環境や状況の影響を大きく受け，場面によって大きく変化するダイナミックなものであるのに対して，アセスメントの結果はその人の時間や状況のごく一部を切り取って判断しています。アセスメントとは違う場面，違う時間においては，その人がアセスメント結果とまったく一致しない行動を示している可能性はつねにあります。この点でも，1人の人間を理解するためにはアセスメント結果だけでなく，さまざまな時間，状況と結びついた豊富な情報を集めることが不可欠であり，アセスメント結果だけから人を決めつけることが非常に危険であることがわかります。

第 **III** 部

心理学のコアな原理

第6章 世界をどうとらえるか

知覚・認知・記憶の心理学

Introduction

　人間の行動は環境に適応し，その環境の中で少しでも気持ちよく生きるためにかたちづくられます。そうであれば，行動がかたちづくられるために最初に必要なことは，自分のまわりの環境，自分を取り巻く世界をできるだけ詳細に，正確にとらえることでしょう。人間だけでなくすべての動物は，周囲の環境から生存や適応に必要な情報を取り入れ，理解するしくみを進化させてきました。そうしたしくみは「知覚」とか「認知」とよばれ，古くから心理学の大切な研究テーマとなっています。本章では，そうした知覚と認知のしくみについて心理学が明らかにしてきたことについて考えます。

1 環境をとらえるしくみ

知覚とは何か

あなたの目の前にはいま何があるでしょうか。私の目の前には四角くて透明で中には何も入っていない袋状のもの1つと，同じような袋の中に丸くて薄い茶色いものが入ったもの2つがあります。何も入っていない袋には「どら焼」という文字が見えます。これらのことを私は，私の目から入ってきた情報をもとに知ることができます。これは目で見ること（視覚）の例ですが，目や耳，鼻や皮膚などの感覚受容器によって得られた情報をもとに，いま自分の周囲にある環境のもつ特徴や，環境の中の事物や事物の特徴（かたちや色，模様，重さや感触など）を知ることを知覚といいます。知覚の種類には視覚，聴覚，嗅覚，味覚，触覚などがあります。

認知とは何か

先ほどの何も入っていない袋に「どら焼」と書いてあるのは，その中にどら焼が入っていたからでしょう。いま入っていないのは，30分ほど前に私がそれを食べてしまったからです。もう1つの袋には「大納言」と書いてあり，その中に入っているのも菓子ですが，これを私が食べてしまえば，これも空き袋になるでしょう。もしいま食べないと，もしかしたら後で来る人に横どりされてしまうかもしれません。こうした考えは，目の前の環境の知覚の内容をもとに，私が理解し，記憶し，そして予想しているものです。知覚を材料にして，環境を自分自身との関係に位置づける心の働きを認知とよびます。認知の重要な要素として，記憶，判断，推論などがあります。

150　第III部　心理学のコアな原理

| 人間の知覚と認知 | 他の生物と比べると，人間は非常に高度な知覚と認知の機能をもっています。イヌの |

嗅覚やコウモリの聴覚のように，特定の知覚について人間より優れた生物をいくつか挙げることはできるものの，全体的に見たときに人間より優れた知覚・認知機能をもつ生物は存在しないと思われます。ライオンがアフリカだけに住むように，多くの高等動物は特定の生息域をもつのに対し，人間だけは地球上のあらゆる場所に住んでいます。こうした高度な適応能力の基礎に，優れた知覚と認知の能力があることは間違いないでしょう。

知覚や認知に関する心理学的な研究は，実験室内での人工的な刺激の知覚や認知を材料に行われることが多かったのですが，最近ではより自然で，日常的な状況における知覚や認知の研究が重視され，さかんに行われるようになってきています。

2 知覚のシステム

| 感覚情報と知覚 | 知覚の基礎になるのは，目や耳，鼻などの感覚受容器から得られる感覚情報です。た |

とえば視覚では，眼球の水晶体で焦点調節された光が網膜に像を結び，その像が網膜上にある光受容細胞（錐体と杆体）によって神経情報に変換され，視神経を経由して脳に伝えられます。しかし，知覚の内容はこうした感覚情報とイコールではありません。

眼球を解剖すると水晶体を経て網膜に映っている像を見ることができますが，その像はわれわれの視覚像と比較するとかなりぼんやりしたもので，細かい部分の解像度もけっして高くありません。目がいい人なら窓から外を見るとかなり遠くのビルの上の看板の文字

第6章　世界をどうとらえるか　151

もくっきりと見ることができますが，その人の網膜には看板の像は
そんなに鮮明には映っていないことが多いのです。ではわれわれは
なぜ網膜像より鮮明な像を見ることができるのでしょうか。聴覚で
も，われわれの鼓膜の周波数特性は高級なマイクロフォンの振動板
よりも大きく劣っています。それでもわれわれは，そのマイクロフ
ォンで録音された音と生の音とを完璧に区別することができるのは，
どうしてなのでしょうか。

見ているのは目？ 　　　　　視覚をつくり出しているのが網膜像だけで
はないように，われわれの知覚は感覚受容
器が得た情報だけでなく，体のほかの部分の動きや働き，そしてそ
うした情報を総合する脳の働きが一体となった知覚システムの働き
によって成り立っています。

　たとえば視覚の場合，われわれが物を見るときには網膜が働くだ
けでなく，左右の眼球もさまざまに動きます。また眼球を支えてい
る頭部も，見たい対象に応じてさまざまに動いています。遠くのも
のを見るときには背伸びして見るように，ときには体全体が物を見
るために動いています。視覚を生み出すためのこうした身体の各部
や体全体の動きの情報もまた，網膜像の情報とともに脳に送られ，
視覚を生み出すために用いられています。

　そして，われわれの脳は，網膜や身体の他の部分から送られてき
た情報を総合し，ときには以前の経験や他の知覚情報の力も借りな
がら，われわれの「目に見えている」視覚像をつくり上げます。視
覚は眼球や網膜だけの機能ではなく，身体や脳も加わった視覚シス
テム全体の働きによって生み出されているのです。視覚だけでなく，
聴覚も耳だけの働きではないし，味覚も舌だけの働きではありませ
ん。すべては複雑な知覚システムの産物なのです。

152　　第Ⅲ部　心理学のコアな原理

3 知覚とアフォーダンス

幾何学的錯視　私たちは普通,自分の目に見えているのは自分の周囲の世界そのものだと思っていますし,自分の耳に聞こえているのは周囲の環境で生じている音だと信じています。そうでなければ恐ろしくて道も歩けません。しかし実際には,私たちの知覚内容は必ずしも周囲の環境の正確な反映ではない場合があります。

図 6-1 は幾何学的錯視図形といわれるものの例です。①は縦線＝横線の錯視であり,同じ長さの線分が,横のときよりも縦のときのほうが長く見えます。②のポンゾ錯視でも,同じ長さの横線が,斜めの線との位置関係によって違った長さに見えます。これらの例では,事物の物理学的な特徴と一致しない知覚が生じています。つまり,私たちに見えているものは周囲の環境そのものではないのです。

こうした知覚と事実とのズレは視覚以外の知覚でも生じ,一般に

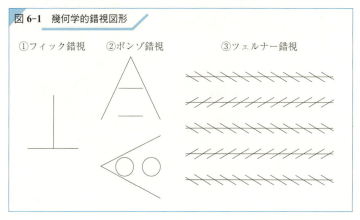

図 6-1　幾何学的錯視図形

①フィック錯視　②ポンゾ錯視　③ツェルナー錯視

第 6 章　世界をどうとらえるか

錯覚とよばれます。幾何学的錯視の例では、物理的に同じ長さのものが網膜上で結ぶ像の長さは同じですから、錯覚は網膜ではなく視覚のシステム全体の中で生じていると思われます。

錯覚の原因

こうした錯覚の存在は私たちの知覚が「あてにならないもの」であることを示すと考えられることが少なくないですが、心理学ではそうは考えません。図6-2の①に示したミュラー＝リヤー錯視のようなかたちが現実の世界に存在するとき、②のような縦線は部屋の角の奥まったところ（自分から遠いところ）に存在することが多く、③のような縦線はこちらに飛び出した角（自分に近いところ）にあることが多いのです。

もし網膜上で同じ長さの像を結んでいる2つの線があって、1つは遠くにある線の反映であり、1つは近くにある線の反映であるとしたら、実際にはどちらの線が長いでしょうか？

遠くにある線のほうが実際には長いことは、いうまでもないでしょう。同様に、先に示したポンゾ錯視の例でも、同じようなかたちが現実の世界に存在するときには、現実に下の線より上の線のほう

図 6-2 ミュラー＝リヤー錯視と部屋

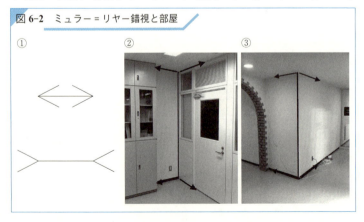

が長い場合が少なくありません（電車のレールと枕木など）。

　このことからわかるのは，現実の世界で幾何学的錯視図形のようなかたちが観察された場合には，錯覚とされるような知覚をしたほうがむしろ現実を正しく知覚している場合がある，ということです。そうしたかたちを人工的な図形として紙や画面上に描いたときにだけ，それが「間違い」を生み出すのです。

錯覚は「間違い」ではない

　こうした事実は，そもそも知覚が何のためにあるのかを考えると理解しやすくなります。知覚は環境の中の事物を物理学的に正確に「測定」するために存在するのではなく，自然な環境の中で私たちが適切な行動をし，適応していくために進化してきたものです。

　同じ重さで大きさだけが違う2つの物体を手に持ったときには，小さい物のほうが大きい物よりも重く感じますが，これを重さの錯覚といいます。これも事物の物理学的な測定としては不正確なのですが，そこでわれわれが知覚しているのは2つの物体の材質の違いです。金属のように比重の大きいものは余計に重く感じ，木材のように比重の小さい物は軽く感じます。このことは，実際にそうした事物を道具や材料として用いるときには重さを正確に知ることより材質を知ることが重要であることと結びついています。

　ミュラー＝リヤー錯視の例でも，われわれが適応するためには2つの線分の正確な長さを知ることより，どちらが自分の近くにあるかを知ることのほうがはるかに重要でしょう。こうした目的のために知覚は事物の特徴（たとえば遠近や長短など）をややオーバーに伝えることがあり，幾何学的錯視図形やトリックアートはそうした知覚の機能を逆手にとった「ズル」なのです。

第6章　世界をどうとらえるか　155

環境のアフォーダンス
このように，知覚がとらえようとしているのは環境の物理的な特徴ではなく，環境の中の事物が私たちの適応のためにどういう意味をもつかです。こうした環境の意味をギブソンはアフォーダンスとよんでいます。

森の中の小川に木の枝が渡されています。リスやウサギなどの小動物はその上を通って向こう岸に渡ることができますが，クマが渡ろうとすると重すぎて折れてしまいます。人間の場合，子どもや小柄な女性であればかろうじて渡れますが，成人男性だとかなり厳しいでしょう。

木の太さや長さ，強度などの物理学的な特徴は，リスやウサギに対しても，クマに対しても，人間たちに対しても一定であり，リスのときは折れにくくなってクマのときは折れやすくなったりはしません。しかし「それで川を渡れるか」と考えたときには，木の枝の性質はリスやウサギにとってと，クマや人間たちにとってとではまったく違ったものになります。

このとき，木の枝はリスやウサギにとっては川を渡るアフォーダンスをもつ（川を渡ることをアフォードする）が，クマや成人男性にはそれをアフォードしない，ということができます。木の枝のアフォーダンスは，木の枝の物理的特徴によってではなく，物理的な特徴とそれを利用する生物との関係によって決まるのです。

**知覚がとらえるのは
アフォーダンス**
私たちが環境に適応するために必要なのは，環境の中の事物の物理的な特徴を正確に測定することではなく，事物が自分から見てどのようなアフォーダンスをもち，適応のためにどのように利用できるのかをできるだけ正確に判断することです。物の正確な大きさを知るよりも，それと自分の距離関係や，それがどのような材質で

156　第 III 部　心理学のコアな原理

Column⑧ 月の錯視

　地表の近くにある月があまりに大きく見えるので驚いたことはないでしょうか。反対に，真上に見える月は地表近くの月に比べてずいぶん小さく見えます。じつは月の大きさや月が網膜上に結ぶ像の大きさは地表近くでも真上でもまったく同じであり，これも錯覚の1つです。こうした月の錯視の存在は2000年以上も前から知られており，これまで錯視の原因を説明する試みがいくつも行われてきました。

　生理学説では，眼球や頭部，首などの筋肉の働きとの関係で，上目づかいに見る物体よりも水平方向に見る物体のほうが大きく見えるとします。いっぽう，地表近くの月のほうが周囲に大きさの比較になるものがたくさんあるため大きく見えるという説もあります。

　月の錯視の説明として最も有力なのは，地表近くのものは遠く，頂点にあるものは近く見える，という説です。頭上に見える雲と地平線近くに見える雲のどちらが自分から遠いでしょうか？

　距離を判断するそうした知覚のしくみによって，頭上に見える月は自分に近いもの，地表近くの月は自分から遠いものと知覚されるとともに，網膜像の大きさが同じであるなら，遠くにある月のほうが大きく，近くにある月は小さいと知覚されるのが，月の錯視の原因だというのです。

　月の錯視に限らず，人間の視覚は対象物との距離をつねに計算に入れて，同じものが近くにあるときには巨大に見え，遠くにあるときには小さく見えないように，網膜像の大きさと知覚される大きさとの関係を調整しています。こうした働きを知覚の恒常性といいますが，月の錯視はそうした恒常性が誤動作した一例と考えることができます。

第6章　世界をどうとらえるか

できているかを知るほうが，それをどのように利用するかを判断するうえでは重要であることは多いのです。私たちの知覚システムも適応のために進化してきたものであり，知覚がアフォーダンスを検出することは適応のためにプラスに働きます。幾何学的錯視などの図形による錯覚はそうした機能が誤動作した少数例であり，それだけを取り上げて知覚が不正確であるかのようにいうのは間違いでしょう。

4 記憶のしくみ

記憶とは何か　　知覚によって得られた周囲の環境についての情報を理解したり，そこから何かの判断をしたり，その後の行動に反映させるためには，その情報をある程度の時間にわたって保っている必要があります。1分ほど前にのぞいた冷蔵庫の中にどんな素材が入っていたか，今日の朝食や昼食，昨日の夕食のメニューが何だったかなどがわからなければ，今日の夕食のメニューを決めるのは難しいでしょう。こうした，知覚によって得られた情報をその後も保持しておく働きが記憶です。

短期記憶の働き　　感覚受容器などから得られた情報は，ごく短い間（0.5秒程度）は，ほとんどそのままの状態で保持され，これを感覚記憶といいます。感覚記憶の情報のうち，注意され知覚されたごく一部の情報が短期記憶に移されて，最大30秒程度にわたって保たれます。

　道を歩いていたら背後に足音が聞こえ，振り返ってみたら怪しい男がつけてきています。目が合わないように顔を前向きに戻して歩

158　　第 III 部　心理学のコアな原理

きながら，私は先ほど見た男の顔や服装，歩く速さなどを鮮明に意識しつつ，このまま歩くか，走るか，次の曲がり角で曲がってみるか，などと思いをめぐらします。このように短期記憶が維持されている間に私たちは知覚情報を理解したり，さまざまな判断やとっさの推測を行ったりといった認知的な作業を行い，それに合わせた行動を選んでいきます。そのため，短期記憶は作業記憶（ワーキングメモリ）とよばれることがあります。短期記憶に保持できる情報の量は限られていて，文字や数字なら5文字から9文字程度といわれます。

短期記憶から長期記憶へ　手書きの原稿をワープロ入力するときには，原稿を読んでそれを短期記憶に保ちながらキーを押していきます。しかし，1行前に入力した文章は，次の文章を入力しているときにはすでに忘れてしまっているでしょう。いっぽう，小学生のときに大好きだった女の子の顔は20年以上経っても鮮明に覚えていたりします。このように短期記憶の保持時間が過ぎても覚えている記憶はその後も維持され，忘れられません。こうした記憶を長期記憶といいます。感覚記憶や短期記憶と違って，長期記憶は記憶が持続する時間に制限がないし，記憶できる量も実質的に無限と考えられています。

　短期記憶の情報が長期記憶に残るためには，それが自分自身と関係づけてきちんと意味づけられ，他の記憶と関係づけられることが重要です。長期記憶には，知識など言語的に表現することのできる記憶（宣言的記憶）と，自転車の乗り方や武道の技術など完全に言語化するのが困難な身体動作の記憶（手続き的記憶）とがあります。身体動作についての記憶は一定の目的をもった手続きとなることで長期記憶に蓄えられます。

第6章　世界をどうとらえるか　　159

宣言的記憶と記憶術

いっぽう，宣言的記憶にはエピソード記憶と意味記憶とがあります。エピソード記憶とは，知覚された内容が「いつ」「どこで」「誰と」といった文脈や状況と組み合わせて記憶されているものをいいます。観光地で見た景色は，そこへいつ，誰と行って見たのかと結びつくことでしっかりと記憶されます。いっぽう意味記憶とは，学術的な知識や外国語の意味のような記憶で，それらはすでに長期記憶の中にある他の記憶との意味ネットワークを形成することで記憶されていきます。

受験勉強などで用いられる「記憶術」には宣言的記憶のこうした性質を利用したものが多いのです。数字や概念を体の部位や部屋の中の場所などに結びつけて覚えるようなことはエピソード記憶を利用していますし，「電話はヨイフロ（4126）」のような語呂合わせは，それだけでは無意味な数字を意味ネットワークの中に位置づけているといえます。

記憶の再生と再認

忘れていた人の名前や顔を思い出す，昔に覚えた詩を暗唱する，といったように記憶の内容がよみがえることを再生といいます。再生のきっかけとなるのは，その記憶と結びついた場所や事物，記憶と関係のある言葉や音楽などだったり，思い出そうとする意思や努力であったりしますが，一般に再生はその記憶がつくられたときと類似した状況ほど容易になります（状況依存性記憶）。お酒を飲んだときの出来事がその後も酔ったときほど鮮明に思い出されるような例がそれです。

旅行中どこへ行ったかを順番に思い出すことは難しくても，再訪したときに「ここは来たことがある」「ここにははじめて来た」と判断することや，名所リストの中から行ったことのある場所とそうでない場所を指摘することは簡単です。このように目の前にある情

報と記憶の内容を照らし合わせることを再認といい，再生はできなくても再認はできることも多くあります。子どもの頃によく聴いた歌が長い間忘れられていても，それがラジオから流れれば「聴いたことがある」「なつかしい」と思うでしょう。

記憶の変容と忘却

記憶はコンピュータのメモリやディスク上のファイルになぞらえられることがありますが，そうした機械による記憶と人間の記憶との大きな違いは，機械による記憶は機械の故障がない限り記憶された通りに再生されますが，人間の記憶はそうではないことです。正常な人間でも，記憶の内容は簡単に変容したり消滅したりします。

記憶がつくられるときには，自分の注意が向いて知覚されたものだけが記憶されます。このとき，自分の先入観や知識に合った事物や興味深い出来事は記憶されやすいですが，自分に都合の悪い出来事や関心を引かなかった事物は記憶に残りません。同じ場所で同じ経験をしても，人によって記憶の内容が異なるのはそのためです。

記憶の変容は長期記憶に蓄えられている間にも起こります。新しく記憶された内容が，すでにある記憶の内容と対立したり矛盾している場合，どちらかが消えたり，矛盾がなくなるように変容することがあります。また，すでに記憶されている内容が，新しく記憶されたことと混じり合ったり，新しい記憶の影響を受けて変容することもあります。

記憶が再生されたり再認されるときにも，そのときの状況や，どのようなきっかけで思い出したかによって思い出される内容は異なりますし，きっかけや状況によってはまったく思い出されないことがあります。記憶された内容が再生も再認もされないことを忘却といいます。ただし，すっかり忘れたものと思っていたことが何十年

第6章 世界をどうとらえるか 161

Column ⑨　目撃証言と偽りの記憶

　記憶の変容や間違いが大きな問題になるのは，誰かの記憶が他の人の人生に大きな影響を与えるときです。犯罪捜査や裁判における目撃証言は，そうした記憶の代表的なものです。犯人を特定し，犯罪の事実を証明するためには目撃証言が重要な意味をもちますが，目撃証言が非常に間違いやすく，変容しやすいものであることは昔から問題になってきました。アメリカのロフタスなど，目撃証言のこうした問題に取り組んでいる心理学者は少なくありません。

　目撃証言が間違いやすいのは，犯罪や事件を目撃することのストレスが記憶をゆがめやすいこと，目撃した事件についてのマスコミ報道や警察報道と記憶が混じり合いやすいこと，捜査官による誘導の影響などによります。聞き込みでは事件を見ていないと答えた参考人が，その事件がマスコミで報道されると急に証言を始めたり，裁判前には犯人を特定できなかったのに裁判が始まると被告が間違いなく犯人だと証言したりする例のうちのかなりは，そうした変容の影響を受けています。

　ありもしない事件や出来事の記憶がつくり出されることもあります。アメリカでは 1980〜90 年代に幼いときに実の親から性的虐待を受けたと訴える裁判が続発しましたが，そうした訴えの中にはまったく事実でないものが含まれていました。虐待を経験していないのにもかかわらず，虐待を受けたという記憶を「想起」したのです。これは心理的不適応の原因として幼児期の虐待経験を想定した心理士が，クライエントから虐待の記憶を引き出そうとしたことが原因とされています。記憶の変容は，ときには何人もの人の人生を変えてしまうのです。

もしてちょっとしたきっかけで思い出される例は珍しくないので，忘却されたからといって記憶から完全に消去されているとは限りません。

162　第 III 部　心理学のコアな原理

5 認知のバイアス

認知のバイアスとは　これまで見てきたように，自分の周囲の環境を知覚しその内容を記憶しておくことで，私たちは環境についてさまざまな判断をしながら行動するとともに，出来事の原因や今後起きる出来事についての推論や予想を行うことができるようになります。そうした判断や推論を行うときに，私たちはつねにコンピュータのようにデータだけに基づいた論理的な判断を行うわけではなく，さまざまな経験則や先入観に頼った判断をしていることがほとんどです。

　こうした傾向は推論や予想の手間を省き，迅速な対応を可能にするという点で私たちの適応に役立っていますが，ときどき現実との間にズレが生じて，間違った判断や推論を生み出すことがあります。そうした認知のゆがみやその傾向を認知のバイアスといいます。

確証バイアス　「あばたもえくぼ」という言葉があります。愛情をもっている相手を見るときにはその顔にあるあばた（天然痘の痕）もかわいいえくぼに見える，というように，私たちの認知はその対象に対してもっている感情や期待，先入観などに合致するように変容します。そうしたバイアスのうち，先入観や信念に合った事実だけを知覚・記憶し，そうでない事実は無視してしまうような傾向を確証バイアスといいます。

　血液型性格判断を信じている人は，Ａ型の人がＢ型的な行動やＯ型的な行動をしても気づかなかったりすぐに忘れてしまうのに対し，Ａ型の人が几帳面だとか神経質だとか，Ａ型的と言われる

第6章　世界をどうとらえるか　163

行動をしたときにはすぐ気づき，いつまでも覚えています。その結果，その人の記憶の中では「A型の人はA型らしい行動をする」「血液型性格判断はあたっている」という認知だけが増幅していくのです。

オカルトや占いのような例だけでなく，われわれが正しいと思っている知識や信念の中には，確証バイアスによって正しいように見えているだけのものがかなり含まれているでしょう。

少数例の一般化

「長野県S市の人は乱暴で勝手」「店に来た客が乱暴で勝手だったので聞いてみるとやっぱりS市の人だった」といったことが延々と書かれたwebページを見たことがあります。しかし，この人が知っているS市民は3人か4人しかいません。S市の人口は数万人ですから，3〜4人が乱暴で勝手だからといってS市民がみんな乱暴で勝手とはとても推測できないはずです。

こうしたことは，私たちが日常行う判断でもよくあります。1人でも目立った特徴があったり，印象的な出来事と結びついた人がいると，その人と職業・出身地などで同じ属性をもった人がみな，その人と似た特徴をもっていると思い込んでしまうのです。人に限らず，あるメーカーのテレビを買ったらすぐ故障したなら，もうそのメーカーの製品を買わなくなったりします。実際にはその1台だけが不良品だったかもしれないのに，です。

こうした認知バイアスを少数例の一般化といいます。現実には私たちが4000人のS市民を調べて乱暴かどうか確認するとか，そのメーカーのテレビを30台買って，その多数が壊れるか調べるといったことは日常的には不可能ですし，同じような属性をもった人や物には他の面でも一定の共通性はあるでしょうから，少数例を一般

化することはある種の合理性をもつのですが，他者への誤解や偏見を生み出しやすいことには注意が必要です。

リスク時の認知バイアス

災害や事故など，人が大きなリスク（危険）に直面したときにも，認知のバイアスが生じて，対策や避難の遅れや事態の深刻化につながることがあります。まず，災害や事故が発生した直後には，起こった問題がそれほど深刻ではなく，日常的な出来事だと思いたがる正常性バイアスが生じやすくなります。水害で浸水が始まっても「たいしたことはない」と避難しないでいるうちに屋根まで水が来てしまうような場合がそれにあたります。また，飛行機事故などでは操縦士が事態の深刻さになかなか気づかないだけでなく，自分の経験や能力を過大評価して支援を求めなかったり危険な賭けに出てしまうことがあり，これをベテラン・バイアスといいます。

どちらの例も「以前は大丈夫だった」「自力で解決できた」という記憶が，現在の認知を歪めてしまうものであり，悲劇を防ぐためには「今度だけはダメかもしれない」「今度はできないかもしれない」というマイナス思考や臆病さも大切でしょう。

第6章 世界をどうとらえるか　165

第7章 あなたはなぜそのように行動するのか

行動と学習の心理学

Introduction

　私たちは普通，自分の行動は自分の意志でコントロールできると考えています。今日大学へ行こうと思えば行けるし，休もうと思えば休める，コーラを買おうと思えば買えるし，買っても飲まないと決めれば飲まない。しかし，すべての行動が自分の意志でコントロールできるでしょうか。

　明日は試験があって勉強しなくてはいけないのに，ついネットばかり見てしまうことはありませんか。あるいはギャンブルやお酒をやめようと何度も決意してもやめられない人もいます。嫌いな先輩を好きになろうと思っても，どうしても好きになれないかもしれません。

　このように，人間の行動は必ずしも自分の意志によって決まるものではありません。そうであれば，私たちの意志以外の何が行動を決めているのでしょうか。本章では行動をつくるしくみとしての学習を中心に，私たちの行動がどのように決められているのかを考えてみましょう。

1 行動とは何か，学習とは何か

行動とは何か

本章のテーマである「行動」という言葉，「学習」という言葉はそれぞれ日常会話でもよく用いられるものですが，心理学でこうした言葉が用いられるときには少し違った意味で用いられます。

心理学でいう行動とは，人間を含めた生体が行い，周囲の環境に何らかの影響を与えるような活動すべてを指す言葉です。アメリカの心理学者が考えた「死人テスト」では，生きている人（動物なら生きている個体）にはできて，死んでいる人（死んでいる個体）にはできないことはすべて行動と見なします。

死人は歩くことができないから，歩くことは行動です。死人は食べないから，食べることは行動です。死人は話さないから，話すことも行動です。しかし黙っていることは死人でもできるから，行動ではありません。そして，死人は感じたり考えたりしないから，感じたり考えたりする「心理」や「精神」も，やはり行動です。「行動」という言葉は，心理学では日常的な用法よりもかなり広い意味で用いられていることがわかります。

学習とは何か

日常会話では，学習とは「勉強する」ことを指すことがほとんどです。もちろん勉強することは心理学から見ても学習に違いないですが，心理学者は学習という言葉ももっと広い意味で用います。

心理学でいう「学習」とは，経験によって新しい行動が身についたり，それまでの行動が変化したりすることです。「経験」とは，

168　第 III 部　心理学のコアな原理

われわれ生きているものが環境から影響を受けることです。われわれに影響を与える環境には温度や湿度，光や風や力などの物理的環境もあれば，対人関係や集団などの社会的環境もあります（第3章を参照）が，そうした環境から影響を受けたとき，われわれは何かを経験し，その結果として行動が変化すれば，学習が生じたと考えることができます。

日常用語で「学習」とほぼ同じ意味で用いられる「勉強すること」は，先生から何かを教わる，教科書や参考書を読む，例題を解くというような「経験」を通じて，これまで読めなかった外国語が読めるようになったり，いままでより効率的に計算ができるようになったりするなどの「行動の変化」が生じるものですから，典型的な学習といえます。しかし勉強以外でも，練習して跳び箱が跳べるようになったり，誰かに歌をほめられて歌手を目指すようになったり，経験によって行動に何らかの変化が生じれば，それらはすべて学習なのです。

生体と環境の相互作用 環境からの影響（経験）による行動の変化という考え方は「人間の行動は環境から一方的にコントロールされている」というイメージにつながりやすいですが，このイメージは間違っています。

前にも述べたように，行動とは「生き物が環境に影響を与える活動」です。もちろん学習は環境の影響によって生じますが，その結果として変化した行動は，今度は環境に対してこれまでとは違った影響を与え，環境を変化させるのです。

テストの点数が悪いと親や先生から怒られるので，コウジ君は一所懸命に勉強して成績が上がった，これは経験による行動の変化だから学習です。しかし，コウジ君は親や先生から「一方的にコント

第7章 あなたはなぜそのように行動するのか 169

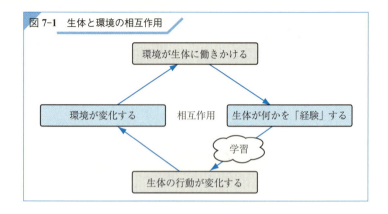

図 7-1　生体と環境の相互作用

ロールされている」でしょうか？　成績が上がれば親は怒らなくなるし，先生もコウジ君を見直して，何か大事な役目を任せてくれるかもしれません。コウジ君の学習はコウジ君の行動を変化させただけではなく，コウジ君を取り巻く環境も変化させていき，それはコウジ君に新しい経験を生み出していきます。

このように，学習とは環境から生体（生き物）への一方的なコントロールではなく，生体と環境とがお互いに影響を与え合い，変化し合っていくプロセスの一部であることがわかります（図7-1）。こうしたプロセスを生体と環境の相互作用といいます。行動や学習を研究するということは，生体と環境の相互作用を解明していくことなのです。

行動研究と動物実験

これから紹介していく行動や学習についての心理学的研究には，動物の例や動物実験が頻繁に登場します（*Column*⑩）。心理学の中で行動と学習の研究は，最も自然科学，とくに生命科学に近いものの1つです。「生命科学に近い」という意味は，生命科学と同じ基本的前提（パラダ

Column ⑩　動物心理学

　条件づけ研究における動物実験は，そもそもは動物と人間との進化的
類縁性を前提に，人間行動を解明するヒントを得るために行われてきま
した。ところが，動物実験を導入したことで，それまで人間の心理や行
動だけが対象だった心理学研究が，動物の行動にも拡張したのです。本
書では取り上げませんが，動物の行動や知覚・認知などを研究対象とす
る心理学を動物心理学といい，行動生態学や動物行動学と連携して多く
の成果を上げています。

　とくに動物の認知や行動の機能を人間や他の動物と比較して理解しよ
うとする研究分野を比較認知科学とよび，記号や言語を理解する「チン
パンジーのアイちゃん」で有名な京都大学霊長類研究所でも，多数の心
理学者が類人猿の認知の研究に携わっています。動物心理学の成果は動
物行動の理解に役立つだけでなく，そこから進化した人間の行動や心理
の基本的な性質を理解するためにも大きな意味をもっています。

イム）を共有している，ということであり，そのパラダイムが進化
論です。

　進化論では，人間を含めたすべての生物が，同じ祖先から進化し，
枝分かれしたものと考えます。だからすべての生物の基本的なしく
みにはかなりの共通点があり，進化の流れの中で近く（近縁）にい
る生物同士では，そうした共通点はますます増えます。

　行動や学習の場合，そのごく基本的なしくみは脊椎動物であれば
ほぼ共通と考えられ，昆虫などにも人間と共通の部分が少なからず
見られます。もちろん，人間の行動は動物よりもずっと複雑だし，
人間の学習能力は動物をはるかに超えます。しかし，基本的なしく
みを共有する動物の行動や学習について知ることは，人間の行動や
学習を理解する大きな助けになります。

　また，人間では倫理的・現実的に難しくなりやすい実験的な研究

第７章　あなたはなぜそのように行動するのか　　171

が，動物を対象にすると比較的容易であることも，心理学における行動研究・学習研究に動物が多く登場することの理由です。

2 生得的行動

行動には，学習によって後天的につくられるもの（学習される行動）と，学習しなくても生まれつき身についているもの（生得的行動）の２種類があります。心理学の研究対象になるのは学習される行動ですが，生得的行動についても最低限の知識を学んでおくことが役立ちます。

ある行動が生得的に備わるか，それとも学習によってつくられるかは，その行動が生きていくために必須かどうかによって決まります。どこで生まれ育ち，どのような環境で暮らしていても必要な行動は，学習するよりも生まれつき身についているほうが生存に有利です。いっぽう，時と場合によって要・不要が変化する行動をすべて生得的に備えておくことはムダであり，むしろ必要が生じたときに学習によって身につけたほうが合理的です。

生得的行動は遺伝的に定まるので一生を通じて消えず，変化しないのに対して，学習される行動は環境の変化に応じて変化したり，必要がなければなくなります（消去する）。また，生得的行動には同じ種の個体間で個体差（人間なら個人差）はほとんどないのに対し，学習される行動にはおかれた環境や学習のしかたに応じて大きな個体差が生じることが多くなります。

それでは，生得的行動の代表的なものをいくつか見ていきましょう。

172　第 III 部　心理学のコアな原理

反射と定位

環境から何らかの刺激を受けたときに、無意識に行う定型的な行動が反射であり、これも生得的です。反射には膝を叩くと足が跳ね上がる膝蓋腱反射のように直接の刺激（近刺激）に反応するものや、明暗に合わせて瞳孔が開閉する瞳孔反射のように光や音、振動などの遠刺激（空気などを介して伝わってくる刺激）に反応するものがあります。

また、刺激に対して一定の姿勢や動きをとる行動を定位といいます。体が地面に対して安定した状態になるような姿勢をとることは代表的な定位行動であり、生得的で無意識です。また、プランクトンが光に向かって体を動かしたり、ゾウリムシが湿度の高いほうに移動したりする走性も定位行動の一種です。

本能的行動

生得的行動は反射や走性のような単純なものだけではありません。ヤドカリが宿となる貝殻を探す際には、自分の体と貝殻の大きさをきちんと測って、ぴったりあった大きさのものを選びます（写真）。こうした行動はかなり複雑ですが、すべてが生得的に用意されています。ビーバーの巣づくり、ペアリングのためのクジャクの踊りなど、多くの生物が一連の複雑な行動を生存や繁殖のために生得的に備えています。こうした行動を本能的行動とよびます。

本能的行動は環境や他の個体から与えられる特定の刺激によって引き起こされ、こうした刺激を解発刺激（リリーサー）とよびます。本能的行動を研究する専門分野は動物行動学（エソロジー）です。

ぴったりの貝殻に入るヤドカリ

第7章 あなたはなぜそのように行動するのか

| 生得的行動と
学習される行動の境目 | 動物の行動には生得的行動と学習される行動の境界線上にあるようなものも観察されます。たとえば刷り込みといわれる現象で |

は，カモやアヒルのヒナが卵から孵化して最初に目撃した動くものに，その後もずっとついて歩くことが観察されます。この行動は「動くものを目撃する」という経験によって学習されたともいえますが，刷り込まれた行動はヒナの間は消去したり変化したりしない点が学習と異なります。生得的行動が経験によって変化することもときにはあり，生得的行動と学習される行動の境界線はそれほど明確ではありません。

3 学習される行動

　生得的行動に対して，後天的な経験を通じて形成され，変化していくのが学習される行動です。学習される行動にはレスポンデント行動とオペラント行動の２種類があり，種類によって学習が生じるしくみも大きく異なります。

| レスポンデント行動と
レスポンデント条件づけ | 学習される行動のうちレスポンデント行動とよばれるのは，環境からの刺激によって引き起こされる行動で，多くは無意識で， |

意識的にコントロールできない（不随意的）行動です。生得的行動の多くはレスポンデント行動にあたりますが，学習される行動にもレスポンデント行動があります。

　レモンを見ると唾液が出るという行動は，レモンを食べる経験をしなければ生じないので学習されています。すっぱいものを食べる

174　　第 III 部　心理学のコアな原理

と唾液が出ること自体は反射という生得的行動ですが，すっぱいレモンを食べる経験がレモンと唾液分泌を結びつけたのです。

このように，もともと生得的行動として生じていた行動が，経験によって新しい出来事や原因と結びついたものが，学習されるレスポンデント行動であり，レスポンデント条件づけというしくみを通じて学習されます。「条件づけ」とは，学習が成立するしくみ，プロセスを指す言葉で，学習の心理学的知識の大部分は，条件づけに関するものです。

**オペラント行動と
オペラント条件づけ**

学習される行動のもう1つのタイプが，オペラント行動です。環境からの刺激に誘発されるレスポンデント行動と違って，オペラント行動は生き物が自発する行動です。また，オペラント行動は随意的であり，意識的に行ったり，止めたりすることができます。

宿題をやる，パソコンで文書をつくる，ボールを投げるといった，何かの役に立つオペラント行動には生得的なものはなく，すべて学習された行動です。オペラント行動は，オペラント条件づけというしくみを通じて学習されます。

**行動の分類を
まとめてみる**

本章の最初からこれまで述べたことをまとめると図7-2のようになります。まず，行動は生得的行動と学習される行動に分かれます。学習される行動の中にはレスポンデント行動とオペラント行動があり，レスポンデント行動はレスポンデント条件づけで，オペラント行動はオペラント条件づけで学習されます。人間や動物のすべての行動はこの図のどこかに位置づけられ，位置づけによってその行動がどんなしくみで形成されたかがわかります。

第7章　あなたはなぜそのように行動するのか　175

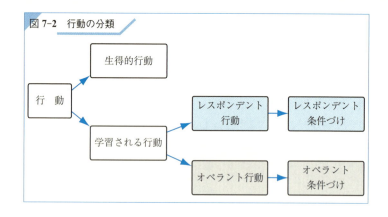

図7-2 行動の分類

4 レスポンデント条件づけ

　環境からの刺激を受けて生じる，無意識的・不随意的なレスポンデント行動が学習されるしくみが，レスポンデント条件づけです。レスポンデント条件づけは古くは「条件反射」とよばれました。このしくみを発見したのはロシアのパヴロフです。

パヴロフの発見　　ノーベル賞を受賞した生理学者であったパヴロフは，19世紀の終わりから20世紀はじめにかけて唾液の分泌を研究するためにイヌを用いた動物実験をしているときに，条件反射を発見しました。

　イヌたちはエサを与えられると唾液を分泌します。これは生得的な反射です。ところが毎日エサを与えているうちに，イヌたちはまだエサを与えられないうちに，エサを運ぶ研究所員たちの足音や，エサの時間を知らせるベルの音などを聞くだけで唾液を分泌するよ

うになりました。

この現象に興味をもったパヴロフは、生理学の研究を一時中断してこの現象の生じるしくみを研究し、そのしくみを明らかにしました。

対提示による刺激と刺激の連合

前述のように、エサ（無条件刺激）をもらうと唾液が出るのは反射（無条件反応）です。ところが、ベルの音を聞かせてからエサを与えること、つまりベルの音とエサとをペアにして示すこと（対提示）を繰り返すと、そのうちにベルの音がエサと同じ力をもち、ベルの音を聞かせるだけで唾液が出るようになります。これが条件反射、現在でいうレスポンデント条件づけの成立であり、このときベルの音を条件刺激、ベルの音だけで出る唾液を条件反応とよびます（図7-3）。

ここでは、もともと何かの行動を引き起こしていた刺激と、それとは別の刺激が対提示されることで、2つの刺激が同じ力をもつようになります。これを刺激と刺激の連合といい、レスポンデント条件づけは「連合の学習」ということができます。連合の学習は、次に起きることを予期して、準備をしておくという意味をもつことが

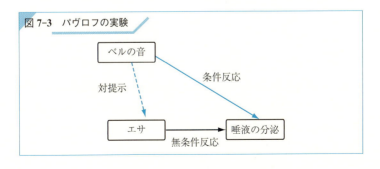

図7-3　パヴロフの実験

第7章　あなたはなぜそのように行動するのか

よくあります。唾液が前もって分泌されていればエサを食べやすいからです。

前に挙げたレモンの例でも，レモンを食べる（酸が口に入る）ことで起きる唾液の分泌は反射ですが，われわれは普通レモンを食べる前にレモンを見るので，それが繰り返されるうちにレモンの外見（視覚刺激）と味（味覚刺激）に連合が生じて，レモンを見ただけで唾液が分泌されるようになります。唾液を分泌してからレモンを食べたほうが酸が早く中和されるからです。

また，音を聞かせてから目に風を吹きつけてまぶたを閉じさせることを繰り返すと，そのうちに音を聞いただけでまぶたを閉じるようになります。この眼瞼条件づけでは，もともと眼瞼反射を引き起こしていた風に音を対提示することで，音が風と連合し，同じ力をもつ条件刺激となっています。風が吹く前に目をつぶっていたほうが，目に風があたらないからです。

レスポンデント条件づけと人間行動

レスポンデント条件づけは唾液の分泌や眼瞼反射といった単純な行動だけを条件づけているわけではありません。人間の場合，レスポンデント条件づけで学習される最も重要な行動は，人やものに対する好き嫌いや恐怖感です。

タロウ君はいつも優しくて私の話をだまって聞いてくれます。優しくされて，話を聞いてもらうと嬉しくなります。そのうちに，タロウ君の顔を見ただけで嬉しい気持ちになります。優しく話を聞いてもらうときにはいつも，タロウ君の顔が嬉しさの原因になる刺激と対提示されているからです。これが人を好きになるしくみであり，好きになると近づきたくなるから嬉しいことが起きる確率が増えます（第3章第4節を参照）。

178 第III部 心理学のコアな原理

もし人やモノ，場所などと対提示される刺激が恐怖を引き起こすものであれば，われわれはその人やそのモノ，その場所に恐怖感を条件づけられます。電車の中でテロの被害にあった人がその後長い期間電車に乗れなくなったりする（いわゆる PTSD）のも，電車と恐怖感との対提示でレスポンデント条件づけが生じたからです。

般化と弁別

レスポンデント条件づけが一度成立すると，条件刺激とよく似た刺激に対しても条件反応が生じるようになります。これを般化とよびます。好きなタレントと外見が似た人がいれば，われわれはその人にも好意を抱きやすいでしょう。これが般化です。

逆に，よく似ていても別のものを見分けて，条件反応を生じさせないことを弁別といいます。般化はほうっておいても自然に起きるのに対し，弁別が生じるためには条件刺激とニセモノの区別を学ぶ経験（弁別訓練）が必要です。

パヴロフのイヌでも，条件づけられたベルと少し違う音のベルを聞かせても，イヌは唾液を分泌します。しかし，正しいベルが鳴った後にはエサを与え，違うベルが鳴った後ではエサを与えないことを繰り返すと，そのうちにイヌは正しいベルの音にだけ唾液を出すようになります。イヤなものに似た強い臭いを出すドリアンが，イヤなものとは違ってとても美味であることを知るためには食べてみる経験が必要なのも，これと同じことです。

高次条件づけ

レスポンデント条件づけによって力をもった条件刺激と，また別の刺激が対提示されると，その刺激も同じ力をもつようになることがあり，これを高次条件づけとよびます。

第7章　あなたはなぜそのように行動するのか　179

「坊主憎けりゃ袈裟まで憎い」ということわざは，何かの原因で坊主を嫌いになると（レスポンデント条件づけの成立），その坊主（条件刺激）がいつも着ている（対提示されている）袈裟まで嫌いになるという高次条件づけの現象をうまく言い表しています。

人間の場合，こうした高次条件づけが非常に頻繁に，また繰り返し生じるために，何かを好きな原因，嫌いな原因がわかりにくくなっている場合が多いのです。

レスポンデント条件づけの消去

学習された行動は必要がなくなれば消えていくものであり，レスポンデント条件づけでもそうです。レスポンデント条件づけの消去は，条件刺激が無条件刺激と対提示されなくなると生じます。

パヴロフのイヌでは，ベルの音を聞いて唾液を出すとしばらくしてエサがもらえる限りは唾液は出続けます。しかし，ベルの音を聞いて唾液を出してもエサがもらえないことが繰り返されると，しだいにベルの音を聞いても唾液が出なくなります。唾液を出してもエサがもらえないなら出すだけ無駄だからです。これをレスポンデント条件づけの消去といいます。

人の好き嫌いでも，好きになった人と一緒にいても楽しいことが起きなくなったら，好きな気持ちは徐々に消去されるし，嫌いな人と一緒にいてもイヤなことが起きないなら，徐々に嫌いでなくなります。楽しいことやイヤなことを予期できない条件づけにはもう意味がないからです。

180　第 III 部　心理学のコアな原理

5 オペラント条件づけ

レスポンデント行動のように刺激に誘発されるのではなく，生き物が自発する行動が学習されるしくみがオペラント条件づけです。オペラント条件づけの基礎になる「よい結果になる行動は繰り返され，悪い結果になる行動は繰り返されない」という法則は古くから「効果の法則」として知られていましたが，多くの実験を通じてこのしくみを詳細に解明し，オペラント条件づけと名づけたのはアメリカのスキナーです。

スキナーとスキナー箱　スキナーの考案した実験装置はスキナー箱とよばれます。スキナー箱はラットやハトなどの実験動物が自由に動きまわれるような大きさで，壁面にエサの出る場所（エサ箱）と，動物が押すことのできるレバーやボタンがついています（図7-4）。

ラットは自分のいる場所を歩きまわり，あちこち触ったりかじったりする習性をもちます。そのうちにラットは偶然にレバーに触り，体重でレバーが押し下げられるとエサ箱にエサが出ます。エサが出ると，ラットはそれを喜んで食べます。

こうしたことが何度か繰り返されるうちに，ラットの行動は繰り返し自発的にレバーを押し，エサを出して食べるように変化していきます。これがオペラント条件づけの成立です。ラットはレバーを押してエサを出して食べることを学習したのです。

第7章　あなたはなぜそのように行動するのか　181

図 7-4 スキナー箱

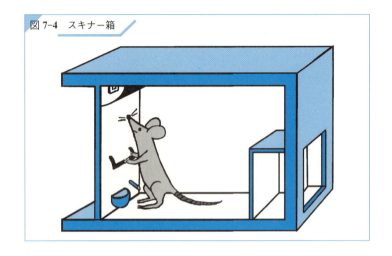

強化と罰，好子と嫌子　先の例では，ラットは偶然にも自発的にレバーを押し，その結果としてエサというよい結果（好子とよぶ）が与えられたので，レバーを押す行動を繰り返してもっとエサを手に入れるようになります。このように，偶然自発したオペラント行動によい結果が伴うことによって増加することを強化といいます。

反対に，オペラント行動に悪い結果（嫌子）が伴ったときにはその行動は繰り返されなくなり，減少します。これを罰といいます。スキナー箱のレバーを偶然押したら電気ショックが流れたとしたら，ラットはもうレバーを押さないでしょう。

好子となるのは与えられると嬉しい，気持ちのよい物事であり，動物ではエサが代表的です。しかし人間では他人に注目される，ほめられるなどの社会的好子が大きな力をもちます。嫌子でも，苦痛や恐怖などだけでなく他者からの無視や批判，叱責など社会的嫌子が大きな力をもつのが人間のオペラント条件づけの特徴です。

好子を与えられることが強化となり，行動が増加するためには，好子は行動の直後に，できるだけ早く与えられなければなりません。これは嫌子でも同様で，行動から 60 秒以上が過ぎても強化や罰の効果が生じるためには言語的ルールの助けが必要になります（188ページ）。

4つの随伴性

行動にどのような結果が伴い，それにより行動が増加したり減少したりするパターンのことを強化随伴性，あるいは単に随伴性とよびます。オペラント条件づけの随伴性には，結果の伴い方と行動の増減に応じて4つの種類があります。

レバーを押すとエサが出た，だからもっとレバーを押す，というように，行動に対して好子が与えられる（賦与される）ことで行動が増える随伴性を正の強化といいます。勉強したらテストでよい点がとれた，次のテストでも一所懸命勉強しようというのは正の強化です。

行動が増えるのは好子が与えられたときだけではありません。行動の結果として嫌子がなくなった（除去された）ときにも行動は増加し，これを負の強化とよびます。テストの点数が悪くて親にひどく怒られていた人が，しかたなく勉強してほどほどの点をとると親に怒られなくなったので，そこそこ勉強するようになるのは負の強化による行動の例です。

反対に，レバーを押すと電気ショックが与えられた，だからもう押さない，というように，行動に対して嫌子が賦与されることで行動が減少することを正の罰といいます。ジュースを飲み過ぎておなかが痛くなったら，次からはあまり飲み過ぎないようにする，というのが正の罰です。

罰にももう1つのパターンがあります。行動の結果として嫌子が

第7章 あなたはなぜそのように行動するのか 183

表 7-1　4 つの随伴性

何を？ どうする？	好子を	嫌子を
賦与する	正の強化 行動増加	正の罰 行動減少
除去する	負の罰 行動減少	負の強化 行動増加

与えられなくても，嬉しいものや気持ちのよいものが失われたなら
その行動は減少します。「イタズラしたからおやつは抜きだよ！」
となればしばらくはイタズラをやめるでしょう。このように行動に
よって好子が除去されることによって，行動が減少することを負の
罰といいます。

　上で説明した 4 つの随伴性を表 7-1 に示します。強化か罰かは行
動が増加するか減少するかによって，正か負かは好子や嫌子が賦与
されるか除去されるかによって区別されることがわかります。

嫌子による条件づけの問題点

　よい行動を増やそうとするときには，正の
強化でも負の強化でも目的を達成できます。
子どもにもっと勉強させることは，勉強し
たらほめるという方法でも，勉強しないと叱るという方法でもでき
ます（*Column⑪*）。しかし，同じように行動が増加しても，正の
強化ではその行動が楽しくなり，自発性が生まれるのに対して，負
の強化ではその行動は楽しくなく自発性がなくなって，叱らないと
勉強をまったくやらなくなります。「ほめて育てるほうがよい」と
いわれるのは，子どもの自発性を育てるためです。

　また，嫌子による条件づけは，嫌子を与える人と与えられる人と
の関係を悪くします。親や教師に叱られてばかりいれば子どもは親

184　　第 III 部　心理学のコアな原理

Column ⑪ 「勉強しないと叱る」は正の罰じゃないの？

初学者はよく「勉強しないと叱る」は「勉強しないという行動の結果嫌子が与えられ，その行動が減るから正の罰」と考えますが，これは間違いです。オペラント条件づけによって増減するのは行動だけですが，「勉強しない」ことは死人でもできるので行動ではなく，増減するのは「勉強する」という行動だけです。そう考えると，勉強すると叱られなくなるのでもっと勉強する，という随伴性が浮かび上がり，負の強化であることがわかります。

や教師を嫌いになるし，そうした不信感はレスポンデント条件づけによって容易に他の大人や社会に対して般化され，子どもがひねくれる原因になります。

オペラント条件づけの弁別

多くのオペラント行動は，時と場合によって強化されたり，罰を受けたりします。普通は強化につながりやすい「明るくニコニコと話す」行動も，葬儀などの席では不適切で，罰につながるかもしれません。しかし，われわれはこうした状況の違いをきちんと感じ取って，それに合わせた行動をとることができます。このことをオペラント条件づけの弁別といいます。

スキナー箱にはランプが取り付けられていて，ランプがついているときだけ，レバーを押すとエサが出るようにすることができます。そのうちにラットは，ランプがついているときだけレバーを押してエサを食べ，ランプがついていないときにはレバーを押さなくなります。このとき，ランプは「いまはレバーを押すとエサがもらえるときかどうか」をラットに示す弁別刺激になっています。

人間の場合も，目に入ってくる情景や聞こえる音，その場の雰囲

第7章 あなたはなぜそのように行動するのか　185

Column ⑫ 大学生が勉強しないのはなぜ？

　受験生のときにはあんなに熱心に勉強していた若者たちが，希望の大学に入学するととたんにまったく勉強しなくなってしまうのはなぜでしょうか。その原因の1つが，勉強するという行動が負の強化によって学習されていることです。みなさんも，勉強したらよい結果になった，ほめられたという経験よりも，勉強しないで叱られた，勉強しなかったら不合格だったという経験のほうが多いのではないでしょうか。受験生の多くは合格の喜びを目指してというよりは「勉強しない結果浪人する，志望校に入れない」という嫌子への恐怖から勉強しているのです。

　これが大学に入ると一変します。もう勉強しなくても浪人の心配はありません。大学の先生は高校と違って学生が勉強しなくても叱りません。進学とともに一人暮らしや寮生活になれば勉強しろと叱る親もいません。負の強化で学習された行動は自発性をもたないうえに，消去抵抗がとても弱い（嫌子が消滅すればすぐに消去する）という特徴をもっているため，大学生たちはまったく勉強しなくなるのです。大学生に勉強をさせるためには，大学生活にも勉強への適切な強化を用意するだけでなく，高校までの勉強がもう少し正の強化によって支えられるようにしていく必要があります。

気などが弁別刺激となって，その場で強化を得やすい最適な行動が学習され，選択されます。「空気を読む」という言葉も，場面に合わせた行動の弁別を指す言葉です。

消去抵抗と強化スケジュール

レスポンデント条件づけと同様，オペラント条件づけで学習された行動も必要がなくなると消去します。オペラント条件づけの消去は随伴性の消滅によって生じます。スキナー箱ではレバーを押すとエサが出るという正の強化の随伴性により，ラットのレバー押しが増加しました。しかしレバーを押してもエサが出なくなると，

186　第Ⅲ部　心理学のコアな原理

そのうちにラットはレバーをほとんど押さなくなります。これが**オ**
ペラント条件づけの消去です。

消去は即時には生じません。レバーを押してもエサが出なくなっ
ても，ラットはしばらくの間は我慢強くレバーを押し続けます。こ
うした現象を消去抵抗といいます。消去抵抗の強さはその行動が強
化された方法が部分強化であると強まります。部分強化とは，行動
の一部だけが強化されることで，レバーを押すと毎回エサを1個も
らえていたラットと，レバーを3回押してはじめてエサを1個もら
えていたラットとでは，後者のほうがレバーを押してもエサが出な
いのに我慢強くレバーを押し続ける期間が長くなります。

人間でも，強化されていないのに我慢強く続く行動は消去抵抗の
産物であることが多いのです。負けても負けてもギャンブルがやめ
られないのは，ギャンブルが本来，部分強化の性質をもっているか
らです。行動と強化の方法との関係を注意深く調整すると，消去抵
抗を非常に強くすることができ，エサをほとんどやらなくてもラッ
トにレバーを押し続けさせることができます。こうした調整のパタ
ーンのことを強化スケジュールといいます。

6 オペラント条件づけと人間行動

オペラント条件づけの基本的なしくみは動物でも人間でも同じで
すが，人間は動物より多くの行動を，より複雑に学習できるだけで
なく，人間の学習にだけ見られる重要な特徴がいくつか存在します。

言語の役割　　言語を用いる動物は人間だけです。そして，
人間のオペラント条件づけには言語が深く

第7章　あなたはなぜそのように行動するのか　187

関係しています。言語の使用そのものも，生得的な能力を基礎にオペラント条件づけによって学習されるものです。それだけでなく，言語はほめる・叱るなどの社会的強化を支えていますし，「開ける」「押す」「立ち入り禁止」などの言語的教示は，その場所や場面でどのような行動が強化されるか（罰を受けるか）を示す弁別刺激として働いています。

ルール支配行動

オペラント条件づけにおける言語のより高度な役割は「ルールを示す」ことです。私たちは殺人を犯すことが厳罰の対象になることを知っており，それが殺人を抑止する力の1つになっています。しかし，私たちのほとんどは実際に殺人を犯したことも，それによって罰を受けたこともありません。「殺人すると厳罰に処される」というルールが言語的に示されるだけで，実際に罰を受けなくてもその行動が減少するのです。

また「100点をとったら自転車を買ってあげるよ」と言われて子どもが勉強するような例も，勉強する行動への強化は「約束」という言語的ルールによって与えられるだけで，行動と実際の強化とは直結していません。

こうした，言語的ルールの存在によって実際に強化や罰を受けていないのに行動が増加したり減少したりすることをルール支配行動といいます。ルール支配行動は人間にしか見られませんが，そのことが人間の社会や文化の基礎を支えていることはいうまでもないでしょう。

シェーピング

スキーを上手に滑る，複雑な計算をするといった行動もオペラント行動であり，オペ

188　第Ⅲ部　心理学のコアな原理

ラント条件づけで学習されます。しかし，そうした行動が最初から
ラットのレバー押しのように自発的に生じ，強化されることはあり
そうもありません。

　こうした行動の多くは，最初は簡単で単純な要素の学習から始ま
り，徐々に複雑でレベルの高い要素へと進歩していきます。スキー
も，最初はスキーを着ける，立ち上がる，方向転換をするといった
簡単なことの学習から始め，徐々にボーゲン，パラレルと進んでい
きます。このように行動を細かい要素に分けて，簡単なものから順
番に条件づけていくことで，複雑な行動を学習させることをシェー
ピングといいます。学校教育など，人に何かを教えるしくみの大半
はシェーピングの構造をもっています。

　シェーピングによる学習を確実なものにするためには，順番に条
件づけるステップをできるだけ小さくする（スモールステップ）とと
もに，各ステップが目標とする行動が達成できたらすぐに強化する
こと（即時強化）が大切です。

| 観 察 学 習 |

人間と類人猿など，ごく高等な生物にだけ
見られる学習のパターンが，観察学習です。
観察学習（モデリング）とは，他者（他の個体）の行動を観察するこ
とで，それと同じ行動ができるようになることをいい，バンデュー
ラらによって研究が進められました。

　観察学習の対象となる他者（モデル）は，目の前にいる生身の人
間であってもいいですし，テレビや映画などのメディアに映し出さ
れる人でも，小説の主人公であってもかまいません。テレビ体操を
見て自分も同じ体操ができるようになるのも観察学習のよい例であ
り，現代人の学習のかなりの部分はこうしたメディア経由の観察学
習によるものです。

第7章　あなたはなぜそのように行動するのか　189

Column ⑬　山本五十六

「やってみせ，言って聞かせて，させてみせ，ほめてやらねば，人は動かじ」。これは第二次世界大戦で活躍した海軍大将・山本五十六（1884-1943）の言葉といわれています。人に望ましい行動をさせるためには観察学習が役に立ちますが，その行動を定着させ，自発させるには，その行動を実際にやらせてきちんと強化を与えることが必要です。山本五十六にオペラント条件づけの知識があったことは時代的にも考えにくいですが，経験を積んだ人々が感じ取る教訓の多くが科学的な理論と一致することを示す好例です。

> **観察した行動を
> 実行する条件**

観察学習はモデルの行動を観察するだけで生じ，その行動は自分の行動レパートリーに加えられます。観察学習された行動のうち，モデルがそれによって強化されていた行動は観察者によって実行されやすいですが，モデルが強化されていない，あるいはモデルが罰を受けていた行動は実行されにくいのです。われわれがテレビドラマで殺人の方法をよく観察学習しているのに実行しないのはそのためです。

しかし，モデルが強化されていなくても，自分がその行動をすれば強化されるという見通しがあるときには行動は実行されます。ドラマでは罰を受けている殺人やその他の犯罪を実行する人がいるのは，自分だけは捕まらないとか，捕まってもいまの生活よりましだとか考えるからです。強化と罰によるオペラント行動の増減，という点では観察学習もオペラント条件づけの一種であり，そこでは他者の行動とその結果が弁別刺激としてわれわれの行動をコントロールしています。

第 **IV** 部

心理学の歴史と方法

第8章 心はどう探究されてきたか

心理学の歴史

Introduction

　この章では，歴史的に学問（心理学）を見ることの意義について考えてみましょう。なぜ歴史を学ぶのでしょうか。歴史は現在を知るのに重要な技法だからです。たとえば，気になる人がいたとして，その人をよりよく理解するためには過去を知ることが大事です。過去に野球をやっていたのか水泳だったのか。音楽だとしたら，フルートだったのかサックスだったのか。こうしたことを知ることによってその人自体をよく知ることができます。そして，その人の過去の経緯を知ることで，その人の嗜好のようなものもわかり，価値観も知ることができるのです。仮に恋愛関係だったら，デートに誘うにはどこで何をするのがいいのかがわかりやすくなるのです。

　学問史は恋愛関係と同じではありませんが，歴史を考えることの根本はそのようなことであると考えて差し支えありません。

1 歴史的に考えることの意義

心理学は，魂の学問として長い伝統をもっていますが，1つの学範（ディシプリン＝学問体系）として始まったとされるのは，19世紀末頃のことです。19世紀末頃というのは日本でいうなら明治維新以後のことです。個人の人生をモノサシにすれば，心理学が成立したのはずいぶん昔ですが，他の学問と比較するならけっして長い歴史をもっているわけではありません。

いま，心理学とよばれているもののすべてが最初からそのままのかたちで心理学を形成していたことはありません。これは，1人の人間の現在の友人関係や興味・関心が，すべて同時期に形成されたのではないことと同じです。ある友達とは小学校からの友人であり，ある人とは大学時代からのつきあいです。この2人はそれぞれ私にとってかけがえのない友人であり，自分と一緒に3人で会うことが増えることで，最初は知り合いではなかった友人同士も仲良くなるかもしれません。そのいっぽう，中学時代以来会っていない友人もいるかもしれません。そのようなことが心理学という学問にも起きているのです。これから，心理学の歴史について簡単に見てみましょう。心理学史をギリシャ時代から始める本も多いですが，ここではあまりさかのぼらず，17世紀くらいから始めます。

2 哲学による感覚・知覚研究から実験心理学へ

哲学において，魂の問題は，中世から近代に移る頃には感覚・知

194　第Ⅳ部　心理学の歴史と方法

覚の問題へと変貌をとげつつありました。私たちが外界をどのように把握し、理解するのか、ということへの興味が高まっていたのです。感覚・知覚は、人間の皮膚の内と外をつなぐものであり、インターフェイスであると考えられていました。俗に、視覚、聴覚、触覚、味覚、嗅覚を五感とよびますが、視覚、聴覚、触覚に注目することで人間の性質を考えようとする機運が哲学の中に芽生えてきたのです。

17世紀末には、視覚と触覚をめぐる「モリヌークス問題」というものが起きました。簡略化して述べれば「立方体と球体を触覚で区別できる生まれつき目が見えない人が、成人してもし目が見えるようになったなら、見ただけで（視覚だけで）両者を区別できるか」というものです。モリヌークスというのは、この問題に最初に関心をもった人の名前です。

この問題について、当時はいわば哲学的な論争が行われました。そして、これに対する答えは人間についてどのような根本的な仮説をもつのかによって異なりました。理性主義では人間には観念が生まれつき備わっていると考えますから、目の見えない人に新しい感覚（ここでは視力を通じて得る感覚）が可能になれば、その新しい感覚はすでに存在する観念を理解することができる（それが何を見ているのかという判断も可能）という答えになります。一方で、経験主義的な考え方をとれば、感覚から生じる観念の判断は経験を必要とするので、目の見えない人にとって新しい感覚が可能になったからといって、即座に何かを見たり判断したりすることは不可能だという答えとなります。実証的な心理学が始まる以前は、視覚と触覚をめぐる問題は哲学の問題として扱われていたのでした。

この問題は、18世紀にいわゆる開眼手術が行われるようになると、開眼直後に（それまで触れてわかっていたものが）目に見えて理解

第8章　心はどう探究されてきたか　195

できるわけではないということがわかり，経験主義の立場が正しいという認識が共有されることになります。実証によって経験主義が正しいとされたのです。

19世紀になると，感覚・知覚の研究にも実証を行う自然科学の影響が現れはじめました。ドイツの生理学者ウェーバー（E. H. Weber；1795-1878）は，感覚の問題に関心をもって研究していました。重さの違いの弁別，触二点閾の研究などです。この関心を引き継いだのは同じくドイツの物理学者フェヒナー（G. T. Fechner；1801-1887）であり，感覚の大きさを E，刺激の強さを I と表し，定数を c とするとき，$E=k \log I+c$ で表されるとする，いわゆるフェヒナーの法則を提唱しました。彼自身は心理学をしようとしていたのではなく，意識と世界との関係を知りたいという興味のもとに研究を行っており，彼の学問は精神物理学とよばれています。ただし彼は恒常法，極限法，調整法などの実験法を工夫してさまざまな実験データをもとにこの法則を導いていたため，この実験方法上の工夫が心理学の発展に大きな貢献をしたのです。実験者が被験者（実験参加者）に対して刺激を制御する方法を整備したことが，心理学のために有効だったのです。実験者が刺激を与え，時にそれを変動させて，被験者の回答を系統的に分析する，という心理学の基本スタイルが19世紀中頃に成立したのです。

ウェーバー，フェヒナーと同じライプツィヒ大学で心理学の体系化をしていたのが，ウィルヘルム・ヴントです。この人が後に近代心理学の父として知られるようになります。

3　ヴントの心理学

　ヴント（W. M. Wundt；1832-1920）は医学を修め，生理学的実験手法に習熟していました。そのうえで感覚・知覚にも興味をもって研究をしており，心理学の知見を体系的にまとめました。1873～74年に出版された『生理学的心理学綱要』の評判がきわめてよく，チューリッヒ大学教授の職を得ることになり，その1年後，1875年にライプツィヒ大学の哲学教授に就任しました。有名な心理学実験室の整備もライプツィヒ大学での出来事です。現在，1879年を近代心理学成立の年とすることが多いのですが，それは表8-1のように，ヴントの実験室が大学から制度として認められた年であるとされています。

　ヴントの心理学は，その当時において多くの人たちの関心事項を手際よくまとめたという側面がありました。精神（感覚・知覚）や精神遅滞・異常に関心をもつ人たちは，自然科学の発展とともに，精神を自然科学的に扱おうとする志向を強めていましたから，ヴントが生理学を参考に実験システムを整えると，熱狂的に歓迎したのです。

　また，ヴントはライプツィヒ大学で教育カリキュラムを整え，とくに博士号を授与するシステムを整備したため，国内外からヴントのもとに多くの学生が集まり，そして，ドイツのみならずアメリカ

ウィルヘルム・ヴント

第8章　心はどう探究されてきたか

表 8-1　ヴントの生涯

年	出来事
1832	誕生
1873〜74	『生理学的心理学綱要』を出版
1875	ライプツィヒ大学教授
1879	心理学実験室が大学から公認される
1900	『民族心理学』全10巻の刊行開始（〜1920）
1920	逝去

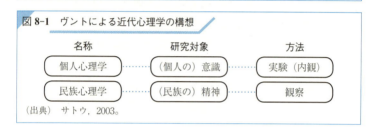

図 8-1　ヴントによる近代心理学の構想

（出典）サトウ，2003。

で心理学を普及しました。

このように，ヴントは多くの学問の蓄積の上に，新しい学問である心理学を構想し，その方法を整備したのです。

ただし，ヴントは心理学の範囲を感覚や知覚の実験に限ったわけではなく，当時のドイツですでに勃興していた民族心理学の影響も受け，高次の精神過程についての研究も必要だと考えていました。個人心理学のために実験が必要であり，民族心理学のためには観察と記述が必要だというのが彼の考えでした（図8-1）。

4　臨床心理学，発達心理学，社会心理学

ヴントの心理学は，感覚・知覚を対象にした実験心理学から始ま

りましたが，精神的な異常・苦痛，人間成長のプロセス，集合行動についても心理学の一部として関心がもたれるようになりました。その様子を見てみましょう。

臨床心理学

精神的な変調や異常をもつ人は，ヨーロッパ社会においては長い間，治療というよりは処罰の対象でした。たとえば，魔女として扱われていたこともありました。

フランスでは，フランス革命（1789 年）に前後して，ピネル（P. Pinel：1745-1826）らによって精神病者の鎖からの解放が行われました。それ以降，フランスを中心に，精神に異常をきたすことのメカニズムの解明と治療法の確立が同時に並行しながら進んでいくことになります。フランス・サルペトリエール病院のシャルコー（J.-M. Charcot：1825-1893）は催眠術を用いることで精神病や神経症を治療しようと考えていました。彼のもとにはビネ（A. Binet：1857-1911），フロイトなど多くの研究者が訪れ，大きな影響力をもつことになりました。知能検査を開発する以前のビネは多重人格や暗示性について興味をもっていました。そして，フロイトはブロイアー（J. Breuer：1842-1925）との共同研究を経て精神分析の体系をつくり上げていくのです。

発達心理学

心理学的観点から乳幼児に関心がもたれたのは，19 世紀半ば以降のことです。それ以前は，子どもは教育の対象として興味をもたれていました。

経験主義はイギリスで発展した考え方で，その代表者である政治学者としても有名なロック（J. Locke：1632-1704）は，心は生まれつき何の特徴もない白紙（タブラ・ラサ）だと仮定することを提唱し

第 8 章　心はどう探究されてきたか　199

ました。たとえ質量ともに無尽蔵に思える知識であっても，その源泉は生後の経験であるとロックは考えていました。フランスのルソー（J.-J. Rousseau；1712-1778）は『エミール』を著し，子どもの生得的な性質を善であるとし，自然の計画に従わせることが子どもの成長にとって重要だと唱えました。

その後，子どもの実態を観察によって理解しようという考えが広まりますが，そうした考えをもったのが，進化論で有名なダーウィン（C. Darwin；1809-1882）です。彼はビーグル号に乗って世界中の動植物を観察した結果をまとめて進化論を提唱しました。そして，それと同様な方法論を用いて自分の子どもの観察を行ったのです。彼の観察が心理学的な論文として発表されると，大変大きな反響をよび，子どもに対する科学的研究のきっかけとなったのです。

アメリカの心理学者，ホール（G. S. Hall；1844-1924）は，ドイツのヴントのもとで学んだこともある初期の心理学者ですが，彼はダーウィンの影響を受けて乳幼児の研究を積極的に行いました。子どもの身近な観察者である親や教師に観察を依頼し，そのデータをもとに子どもの心理学的実態を明らかにしていきました。これは児童研究運動として知られます。こうして児童心理学は心理学の一部として成立しました。

その後，発達心理学には2人の天才が現れます。スイスのピアジェ（J. Piaget；1896-1980）は子どもの認識に焦点をあて，その成長・変容過程を研究しました。ロシアのヴィゴツキー（L. S. Vygotsky；1896-1934）は文化や社会の影響を考えた発達理論を組み立てました。

社会心理学　社会と個人の関係を考える社会心理学も，19世紀半ば以降発達してきました。民族

200　第IV部　心理学の歴史と方法

精神の研究を行う民族心理学がドイツで，群衆や模倣に関する集合心理学はフランスで，取り組まれました。イギリスではダーウィンの進化論をもとに，社会の形成を考える風潮が現れました（社会ダーウィニズム）。特筆すべきは，近代心理学の父とよばれるヴントが民族心理学にも関心をもっていたことです。彼は晩年に全10巻の大著『民族心理学』（1900-1920年）を出版しています。ヴントは，人間の高次の精神機能については，実験で感覚を研究するのとは異なり，人間がつくり出したものによって理解可能であると考えており，言語，法律，社会，歴史，文化，慣習，宗教，神話といった分野について，人間精神の理解のために考察を行ったのです。この民族心理学は，いまでいうと文化心理学にあたるものではないかと考えられています。

　アメリカには，ヴントと並ぶ心理学の父であるジェームズ（W. James：1842-1910）がおり，自己を「I」と「me」の2つの側面から考えることを提唱しました。主体から見た自己と，外から客体として見られる自己を区別したこの考え方は現代に至るまで，自己を心理学的に考えるときの重要な概念になっています。

5　ヴント以後の心理学

●継承，批判，発展

19世紀末のアメリカにおける心理学

　アメリカでは近代心理学成立以前に精神哲学が注目を集めており，その内容に，ドイツから近代心理学の内容が入り込んできていました。ジェームズはハーバード大学で医学・生理学を学んだ後，同大学で生理学的心理学を担当するなど近代心理学の紹介に努めました。彼の考え方の基本は機能主義であり，人間の習慣がどのよう

第8章　心はどう探究されてきたか　201

な意味をもっているのか（どのように生活で機能するのか）などを考察しています。機能主義はこれ以降もアメリカ心理学の特徴となりワトソンの行動主義へとつながっていきます。

ヴントの実験心理学は，断片的な刺激を実験参加者に与えて，その反応を取り出す傾向があったため要素主義ともよばれていました。ヴントの心理学の忠実な後継者であるティチナー（E. B. Titchener；1867-1927）も，アメリカで教鞭をとりました。彼はイギリスからドイツのヴントのもとにやってきて，そこで心理学を学び，アメリカのコーネル大学に職を得ました。彼の学説はヴントの要素主義的な面を強調したものでした。また，ヴントの心理学実験において厳密な実験条件の統制が重要であると考えており，実験室においていかに実験を行うべきかに関するマニュアルを4巻本の『実験心理学』（1901-1905 年）として出版しました。

また，ウィトマー（L. Witmer；1867-1956）はアメリカで心理学を学んだ後に，ドイツに留学してヴントのもとで博士号を取得し帰国しました。そして，ペンシルバニア州立大学に心理学的クリニックをつくりました（1896 年）。そこで彼は広い意味での学校不適応児や学習障害児を対象に実践を行っていました。さらに彼は，そのクリニックでの活動を大学院の単位として認める制度をつくり，研究と実践とをバランスよく遂行する大学院を整備しました。アメリカで臨床心理学の資格などが早くから整備されてきたのはウィトマーがヴントのもとで心理学の内容とカリキュラムの重要性を学んだからだと思われます。

ヴントの心理学は，意識を対象として実験という手法を用いて展開したことがその大きな特徴です。しかし，心理学を学ぶ人が増えると，心理学の可能性は広がっていきます。具体的には無意識を重視した精神分析，全体性を重視したゲシュタルト心理学，行動を重

202　第 IV 部　心理学の歴史と方法

視した行動主義が生まれ，心理学は多様に発展していきます。

精神分析

精神の変調や狂気は多くの国や地域で長い間多くの人々の興味を引いてきましたが，有効で決定的な対処法は今日に至るまで確立されていません。神経症とよばれる軽度の精神変調を扱い，その治療法を提案し人間発達理論や人間観に至るまで大きな影響を与えたのが精神分析です。

ジークムント・フロイト（S. Freud；1856-1939）はウィーン大学医学部で学びました。ユダヤ人であるために大学教授になることをあきらめた彼は，開業医となりました。彼は神経症（ヒステリー）患者の治療として最初は催眠に注目したのですが，後に自由連想法を開発し，さらに夢に注目しました。『夢の解釈』（1900年）は初期の重要著作です。その後フロイトは意識の区分（意識 – 前意識 – 無意識）を唱えました。また，さらに自我の構造（超自我 – 自我 – エス）に注目し，自我防衛機制についてさまざまな種類や機能を提案しました。

フロイトは性エネルギーを人間を駆動する力として重視し，「リビドー」という概念によって説明し，リビドーの発達には幼児経験が重要であることを示唆しました。また，過去の性的な欲望が抑圧されることが多くの症状の原因だという汎性欲説の立場をとりました。つまり，リビドーが抑圧されることが神経症を引き起こすとし，抑圧をなくすことが治療の意味をもつと考えたのです。

フロイトにはたくさんの弟子がいたものの，多くは離反していきました。初期の重要な弟子として劣等感に注目した個人心理学のアドラー（A. Adler；1870-1937），分析心理学のユング（C. G. Jung；1875-1961）などがいます。ユングは人間の関心が主として外界に向くか，内界に向くかに注目し，外向型と内向型を分ける性格の類型

第8章　心はどう探究されてきたか　203

論を提唱しました。

フロイトの理論は，誕生後の人間関係を重視したという点で経験主義的であり，彼自身は生物学的な視点が強かったのですが，新フロイト派などは社会や文化の影響を重視しながら精神分析理論を継承しました。自己同一性理論のエリック・エリクソン（E. H. Erikson；1902-1994）はその代表的人物です。

ゲシュタルト心理学

ヴントの要素主義的な心理学に対して，人間が動きやかたちをどのように知覚するのか，という問題に焦点をあてたのがゲシュタルト心理学です。音楽を聴くとき，1つの音だけを知覚することはほとんどなく，前後の音との関係でその質などを判断します。水平な線（―）と45度の斜線（／）を連続して提示すると線が動いて見えるのですが（仮現運動），この場合，人は線を個別に見ているのではなく，動きを見ていることになるというのがゲシュタルト心理学を提唱したウェルトハイマー（M. Wertheimer；1880-1943）の主張です。

ゲシュタルト心理学派には，チンパンジーの洞察学習を研究したケーラー（W. Köhler；1887-1967）や社会心理学者のレヴィン（K. Lewin；1890-1947）がいます。レヴィンは社会問題を解決しながら行うアクション・リサーチという研究スタイルを提唱し，「よい理論ほど実践的なものはない」と強調し，心理学者が差別などの具体的社会問題に関わることを奨励しました。

行 動 主 義

ヴントが研究対象としていた意識のような曖昧で目に見えない現象よりも，行動に注目することで人間を研究しようというのが行動主義です。機能心理学の中心地であったシカゴ大学で心理学を学んだワトソン（J. B.

204　第Ⅳ部　心理学の歴史と方法

Watson；1878-1958）は，パヴロフの条件反射の影響を受け，心理学は行動のみを扱うべきだとする行動主義宣言（1913年）を行い，多くの心理学者の支持を得ました。彼は乳幼児の観察を行い，恐怖などの感情も後天的に学習されるものだと考えるようになりました。有名なアルバート坊やの事例です。はじめは怖がらなかった白いネズミを，大きな音とともに子どもに提示すると，やがてそのネズミ自体に恐怖を抱くようになるのです。感情が学習されるということは，消去も可能ということを意味しますからワトソンの行動主義は行動療法という応用領域をつくり出すことになりました。

ワトソンは若くして学界を去り広告業界に転身したこともあり，行動主義は他の人々によって発展を遂げました。ワトソンの行動主義は刺激（S）と反応（R）の関係を重視するS-R行動主義であり，古典的行動主義とよばれるのに対して，新行動主義が勃興したのです。

ハル（C. L. Hull；1884-1952）は刺激（S）と反応（R）の間の媒介変数として習慣強度，反応ポテンシャル，動因などを挙げ，強化の動因低減説を提唱しました。

トールマン（E. C. Tolman；1886-1959）は期待や仮説，信念，認知地図といった心理的な媒介変数を導入して行動を説明しようと試み，認知心理学の成立へ道筋をつけました。

新行動主義のもう1人の立役者はスキナー（B. F. Skinner；1904-1990）です。彼は行動を，レスポンデント（パヴロフ型の条件づけ：受動型の条件づけ）とオペラント（自発的行動の条件づけ；能動型の条件づけ）の2つに分けることを提唱し，彼自身は後者をおもに扱いました（第7章を参照）。オペラントというのは機能性をもった行動という意味であり，主体が環境に働きかける（機能する）ということを含意しています。

第8章 心はどう探究されてきたか 205

さて，行動主義が研究する学習というプロセスは，後天的に何か
を獲得するメカニズムについて扱うものです。行動が学習されたも
のであるならば，それをなくすことも可能ですから，行動主義の考
えに基づいて，行動療法という心理療法が生まれました。そのおも
な提唱者はアイゼンク（H. J. Eysenck；1916-1997）やスキナーです。
ワトソンの行動主義的な考えは，神経症的行動を消去する行動療法
に生かされました。スキナーの行動主義は——行動の生起を変える
ことができるので——重度障害者の行動療法（行動形成）などに応
用されることになりました。

6 現代の心理学

●人間性，社会，認知へのアプローチ

人間性を重視する
心理学

第二次世界大戦が起きると，心理学の中心
地はドイツからアメリカへと移りました。
精神分析と行動主義による心理学が盛んに
なりました。これら2つの心理学は今日の目から見るとまったく異
なるものに見えますが，いずれの立場も，「氏」や遺伝要因よりも，
生後の状況や「育ち」を重視していたという特徴があります。イギ
リスからの移民とその子孫からなるアメリカという国では，環境の
影響を大きく見積もるこうした考えが広く受け入れられていたので
す。

臨床心理学の領域で未来の重要性を強調したのがマズロー（A. H.
Maslow；1908-1970）やロジャーズ（C. R. Rogers；1902-1987）です。
彼らは，人間性心理学という名称で心理学を展開しました。人間の
もっている欲求や未来に対する志向性を重視する心理学です。マズ
ローによる欲求の階層理論は，より低次の欲求（たとえば生理的欲

206　第Ⅳ部　心理学の歴史と方法

求）を満たすことにより，より高次の欲求（自己実現など）が満たされるというモデルを提示しました。ロジャーズのカウンセリングは，過去の問題に焦点をあてるのではなく，「いま，ここ」にいる人間のあり方を重視しました。

社会心理学

人間性のあり方に他の側面から光をあてたのが，第二次世界大戦後の社会心理学です。ナチス・ドイツのような残虐な行為は，ヒトラーという傑出した個人の狂気によるのか，人間なら誰でももっているような性質によるのか，ということが問題になったのです。

1960 年以降，アイヒマン実験とよばれる一連の研究を行ったのがミルグラム（S. Milgram；1933-1984）です。自分より強い立場にある人からの命令であれば，それが悪いこと，人命を損なうことさえあるとわかっていても，命令に服従してしまうことを明らかにしました。

また，ジンバルドー（P. G. Zimbardo；1933-　）も監獄実験として知られる実験を行いました。この実験で，大学生は無作為に看守役と囚人役に割り振られたのですが，看守役になった人たちは役割に適応し，ときには過剰適応し，囚人を管理・監視・抑圧するようになっていくことが明らかになりました。

これらの研究結果は，実験を用いた社会心理学の成果として大きなインパクトを与えました。しかし，このような実験計画が倫理的に許されるのか，という倫理問題に対する関心も引き起こしました。また，最近ではこうした実験の再現性が改めて問われるようにもなっています。

このほか，社会心理学では，ハイダー（F. Heider；1896-1988）のバランス理論やフェスティンガー（L. Festinger；1919-1989）の認知

第 8 章　心はどう探究されてきたか　207

的不協和理論などが発表され，大きな影響力をもちました。

| 認知心理学 |

実験心理学の中でも新しい潮流が起きました。それは認知心理学です。ブルーナー（J. S. Bruner；1915-2016）は，知覚心理学に社会的要因を取り入れたニュールック心理学を提唱しました。同じコインであっても，それを見る人の社会的条件によって，見え方が異なるという研究で知られるように，同じ物理的なもの（コイン）であっても，その意味は人によって異なるということが明らかにされたのです。ブルーナーのもとには認知に関心をもつ人々が集まることになり，「マジカルナンバー7」で知られるミラー（G. A. Miller；1920-2012）などが認知心理学を展開しました。学習についても認知要因を重視する研究が現れました。バンデューラ（A. Bandura；1925-　）は，人間は直接的な学習（直接経験したことによる学習）だけではなく，間接的な学習（模倣）によってさまざまなことを学ぶことを子どもの攻撃行動の模倣研究を通じて示し，社会的学習という概念を提唱しました。認知心理学は，刺激（S）と反応（R）の組み合わせだけで説明するのではなく，生体（人間や動物）が外界を解釈・意味づけすることを重視し，そのプロセスの研究を強調しました。

認知心理学は，行動療法の認知化も押し進めることになり，認知行動療法へとつながっていきます。

7　日本の心理学

●約130年の歩み

日本に研究としての心理学を紹介したのは，元良勇次郎（1858-1912）です。アメリカでホールに心理学を学んだ元良は，帝国大学

208　第Ⅳ部　心理学の歴史と方法

（東京大学の前身）で心理学を教えはじめます（1888年）。1903（明治36）年には，東京帝国大学に心理学の実験室（名称は精神物理学実験室）を開設しました。初期の教え子には松本亦太郎（1865-1943）や福来友吉（1869-1952）がいます。福来は，臨床心理学の若き担い手として期待されていましたが，透視・念写は可能だと唱えて物議をかもし，職を去ります。松本は，こうした混乱を乗り切り，日本に心理学を定着させました。

元良勇次郎

大正中期から昭和期にかけて，日本にも行動主義，ゲシュタルト心理学，精神分析が紹介され，量的にも質的にも拡大した日本の心理学者たちは1927（昭和2）年に日本心理学会を設立することになります。しかし，太平洋戦争が始まるとその影響を受け，学問は停滞しました。

太平洋戦争で日本が敗戦すると，心理学は（戦前と異なる）科学

表8-2　1964（昭和39）年までに成立した諸学会

年	成立した学会
1927（昭和2）	日本心理学会
	関西応用心理学会（戦後は関西心理学会となる）
1931（昭和6）	応用心理学会（東京：日本応用心理学会となる）
1933（昭和8）	動物心理学会
1949（昭和24）	日本グループ・ダイナミックス学会
1959（昭和34）	日本教育心理学会
1960（昭和35）	日本社会心理学会
1963（昭和38）	日本犯罪心理学会
1964（昭和39）	日本臨床心理学会

第8章　心はどう探究されてきたか

Column ⑭ 巨人の肩の上に立つ

検索サイトで名高い Google（グーグル）には学術論文・学術書だけを対象にした Google Scholar というページがあります（http://scholar.google.co.jp/）。大学生であれば Google だけではなく Google Scholar も使うようにしたいものですが，その Google Scholar には「巨人の肩の上に立つ」という語が記されています。これは何なのでしょうか。

この言葉はアイザック・ニュートンによるもので，「自分がもし人より遠くを見ることができるのであれば，それは巨人の肩の上に立っているからなのだ」ということです。万有引力の法則など多くの独創的研究を行ったニュートンは，自分の研究はそれまでの研究者の研究があったからこそうまくいったのだ，ということをいうために，「巨人の肩の上」に立っている，という表現をしたのです。Google Scholar を使う人は，巨人の肩を利用できる，ということを意味しています。

的で民主的な教育を行うための基礎部門として重視され，教員養成を行う大学ではかならず教育心理学が教育されるようになりました。また，新制大学の教養科目としても心理学が教えられるようになり，心理学者の数が大きく増えました。

社会心理学，臨床心理学なども，新しい心理学として活気づき，多くの大学に心理学科が新設されるとともに，心理学関係の学会も次々と設立されて（表8-2），日本の心理学は新しい繁栄の時代を迎えます。1972（昭和47）年には第20回国際心理学会を東京で開催する（会長：相良守次）ことで，世界に対して日本の心理学の発展をアピールしました。

1988（昭和63）年には臨床心理士資格の認定が始まり，全国の大学に臨床心理士の養成コースがつくられました。このことで心理学を学ぶ大学生，大学院生の数が一層増加しました。そして 2018（平成30）年には公認心理師の国家資格が制定されて，心理学の資格

210　第Ⅳ部　心理学の歴史と方法

も新しい段階を迎えています（序章）。

2016（平成28）年には第31回国際心理学会（会長：繁桝算男）が開催されて，世界の95の国と地域から8000人以上の心理学者が横浜に集まりました。世界の心理学における日本の存在感はこれからも大きくなっていくだろうと思います。

8 心理学の未来

●21世紀の心理学

最後に，心理学の未来について考えましょう。21世紀に入って20年，心理学にはいくつかの新しい流れが生まれてきています。

ひとつは，脳神経科学の発展にともない，そうした領域の知識と心理学の知識が結びつくようになってきたことです。これまで心理学が解明してきた人間の心理や行動の知識が，その基盤となる脳や神経の働きの知識ときちんと関係づけられるとともに，心や行動の発達を考える時にも脳や神経の発達との関係を考えるのが普通になってきました。

行動遺伝学の発展は，人の心や行動の発達に遺伝と環境が与える影響を科学的に切り分けるアイデアを与えてくれています。知能や性格に遺伝が与える大きな影響が見直されるとともに（第2章），遺伝の影響を明確にしたことで，それと相互作用する環境の影響の大きさも改めて注目されるようになっています。

また進化心理学は人間の心や行動の基盤にあるしくみがどのように進化してきたかを，進化生物学の方法論を活用して明らかにしようとしています。人間も動物であり，心や行動も進化したものである以上，こうした考え方も忘れることはできません。

統計学の進歩も心理学の研究方法を大きく変えつつあります。単

第8章　心はどう探究されてきたか　211

純な数値の比較や統計的検定だけでなく，人の心や行動に複雑なモデルを設定してそのモデルが事実にどのくらいあてはまるかを分析することが一般的になるとともに（第9章），これまでよりもはるかに大きい人数のデータ（ビッグデータ）を分析に用いることも多くなっています。

　このような，人の心や行動の一般的な特徴を客観的・科学的に分析する心理学が大きく発展するいっぽうで，個人に特有で他人とは比較できないような経験や人生を理解し，分析するような心理学が質的研究法をもちいて大きく発展している（第9章）のも，21世紀の心理学の特徴といえるでしょう。

　これからの心理学は，こうした心理学の新しい発展を基礎に，周辺領域の学問とこれまで以上に積極的に融合しながら，人の心や行動を多面的に，幅広くとらえるものに発展していくことが期待されます。

第9章 データから心をさぐる

心理学の研究法

Introduction

　この本の最後に，心理学の研究法について考えましょう。これまでこの本で述べてきたことはどれも心理学の研究によって得られた知識です。研究とは，それまで明らかにされていない事実を自分の力で発見し，それを他の人にもわかるように示すことをいいます。

　心理学者は事実を明らかにし他の人に伝えるために観察，実験，調査などの方法を駆使してデータを取り，それを分析しますが，その際にデータを得るために用いる方法や，データを分析する方法のことを「研究法」といいます。研究によって発見されたことが事実と認められるためには，その研究がきちんとした研究法にのっとって行われなければなりません。

　いっぽうで，心理学の研究法については古くからさまざまな問題点が指摘されてきました。研究やデータ分析の不正や統計分析の不確かさなども，研究法の問題と考えることができます。この章では，心理学の研究法の基礎について述べるとともに，研究法をめぐる最近の問題についても考えてみたいと思います。

1 心理学はデータをとる学問

　前の章でもふれたように，心理学のルーツのひとつが哲学にあったことから，心理学はふつう人文社会科学，つまり文系の学問のひとつと位置づけられることが多くなっています。しかし心理学はその誕生の時から他の文系の学問とは大きな違いをもっていました。それは，心理学はデータをとるということです。

　心理学が研究対象とするのは人間の行動や心に関係する現象（事物やできごと）ですが，心理学者はそうした現象について本を読んだり考えたりする（思弁する）だけでなく，データをとって分析することを通じて，現象のありさまや原因を実証しようとします。

　心理学の父といわれるヴントや，初期の実験心理学者は実験を通じて意識や知覚についてのデータをとりました。発達心理学者たちは子どもを観察して幼児期の発達についてのデータをとりましたし，社会心理学者やパーソナリティ心理学者が用いたのは質問紙調査によるデータでした。こうした「研究するためにデータをとる」それも「自分でデータをとる」という流儀は，現在でも心理学のものの考え方の基礎になっています。そして，そのデータを手に入れるために使われる方法と，そのデータを分析するために使われる方法こそが心理学の研究法なのです。

　最近では教育学や言語学など，文系と言われる研究分野でもデータをとる研究がどんどん多くなっていますが，それらの「データをとる文系の学問」に心理学の研究法が与えた影響は非常に大きく，心理学の研究法を理解していればそうした研究分野のデータを理解するのにも役立ちます。

214　第 IV 部　心理学の歴史と方法

**質的データと
量的データ**

「データをとる学問」である心理学が，研究のために手に入れようとするデータは，まず質的データと量的データとに分けることができます。質的データとはことばとして得られるデータのことを言います。乳幼児の行動を観察して，その行動を「前に歩いた」「座った」「泣いた」などと記録したデータ，不妊治療の経験者に不妊治療の苦労についてインタビュー（聞き取り調査）したテープを書き起こしたデータ，などが質的なデータにあたります。

いっぽう量的データとは，数字として得られるデータのことを言います。迷路の学習でゴールまでたどり着くことができたマウスの数やその割合，ゴールまでにかかった平均の時間などは量的データですし，アッシュの同調実験（第3章）でサクラの判断に同調した被験者の人数も量的データにあたります。

質的データと量的データを比較すると，質的データは特定の人に起こった特定のできごと，特定の人の個人的な体験，文化的な背景に強く影響された行動などを，深く詳細に分析する目的に適しているのに対して，量的なデータは多くの人に共通する心理や行動のしくみを分析する目的に適しています。また量的データは数字として計算することができるため，たくさんの人のデータを統計的に分析して一般的な傾向を分析したり，原因と結果の関係を分析したりすることにも適しています（第3節）。そのため，自然科学のような意味で科学的であろうとする心理学は，量的データをおもに用います。また，質的データによってとらえられる変数（条件によって違う値をとる現象）のことを質的変数，量的データによってとらえられる変数のことを量的変数といいます。

パーソナリティ心理学や社会心理学では，人の性格，欲求や態度など，もともと質的なもの（数字ではないもの）として現れる現象を

第9章　データから心をさぐる　　215

量的データに変換してとらえることで，統計的な分析を可能にすることがよく行われます。質的データを量的データに変換することを数量化といいます。

たとえば乳幼児を観察して「泣いた」「泣かない」を記録したとしたら，「泣いた」を 1，「泣かない」を 0 に置き換えれば，そのデータを数字で表すことができ，ある程度の統計的な分析が可能になります。より多様な統計的分析を可能とするためにはもう少し複雑な数量化の手続きが必要で，そうした手続きを心理学的測定といいます。そして，心理学的測定を行うために作成される道具，心理学的な「ものさし」のことを心理学的尺度といいます（第 5 章）。

データの客観性

質的であれ量的であれ，心理学に用いられるデータには客観性が求められます。客観性とは，そのデータをとった人の主観だけでなく，他の人から見てもそのデータが同じように確かであると認められることを言います。

客観性は，ふつう公共性と再現可能性の 2 つの要素からなると考えられます。公共性とは，そのデータに示された現象が，多くの人の目に同じように見え，他の人の目からも確かめられることを言います。再現可能性とは，同じ条件，同じ手続きを繰り返せば同じデータが繰り返し得られることを言います。

客観性のないデータは，観察した人の主観に過ぎない可能性があり，心理学のデータとしては使用できないものになります。一般に，量的データのほうが客観性を確保しやすく，質的データにおいては十分な客観性を得ることが困難になりがちです。

216　第 IV 部　心理学の歴史と方法

2 観察・実験・調査

　心理学のデータをとるためにはさまざまな手続きが用いられますが，そうした手続きは大きく観察，実験，調査の3つに分けて考えることができます。観察も実験も調査も，研究の対象となる現象を見てデータをとることは同じですが，現象をどのように見るか，という点が大きく異なります。

観察の方法　　観察とは，研究の対象となる現象が起きている現場で，それを自然な状態で見ることを言います。子どもとお母さんとのコミュニケーションについて知りたいときに，お母さんと子どもとがいっしょにいるところをずっと見ていて，コミュニケーションが起きたらそれを記録する，というようなことが観察で，この時観察者はお母さんにも子どもにも，なんの働きかけも行いません。

　観察する時に，とくにどこをどう観察するかなどを定めないで，自由に観察して，結果も自由なやり方で記録することを自然観察といいます。心理学者がなにかについて研究するときには，まずその現象を自然観察してその特徴や流れをつかむところから研究を始めることが一般的です。しかし，自然観察では誰が観察するかによって観察するポイントや観察のしかたが変わってしまうために客観性が低くなること，観察のデータが質的データとしてしか得られないことが問題になります。

　そこで，観察のポイントや観察のしかたをあらかじめ決めておくとともに，観察した行動を数えて量的データにする方法も決めたう

第9章　データから心をさぐる　　217

えで，複数の人がそのルールに従って観察することで客観的で量的なデータを得ようとする手続きを系統的観察といいます。母子のコミュニケーションだったら「母から子への声かけ」「子から母への声かけ」「母子同時の声かけ」などの観察ポイントを決めておいて，それぞれが起きた回数や持続時間を3人の観察者がそれぞれ記録する，というようなことが系統的観察です。予備的な研究では自然観察が行われ，本格的な研究では系統的観察が用いられる傾向があります。

実験の方法　観察が自然に起きている現象をそのまま見てデータをとるのに対して，実験は現象になんらかの働きかけ（操作）を加えて，その結果として何が起きるかを観察するとともに，その操作をしなかった条件と比較することによって，現象の原因と結果の関係についてのデータを手に入れようとします。

　乳児の母親への愛着を調べるために母親と一時的に引き離して，子どもがどういう反応をするかを，引き離さなかった子どもと比較する，母親と一緒にいる部屋に見知らぬ人が急に入っていき，子どもが母親にどういうコミュニケーションをとるかを，誰も入ってこなかった条件と比較する，といったことは「一時的に引き離す」「見知らぬ人が入っていく」などの操作をした条件（実験群）の結果を，操作しなかった条件（統制群）の結果と比較しているので，実験といえます。

　実験において，原因として操作されるもののことを独立変数，独立変数の操作の結果として変化すると期待されるもののことを従属変数とよびます。母親と一時的に引き離すという操作が独立変数，その結果変化すると期待される子どもの反応が従属変数ということ

になります。独立変数を操作したら従属変数が変化したとすれば，独立変数と従属変数の間には原因と結果の関係（因果関係）が存在すると推測できます。

　実験では独立変数の操作以外にもさまざまなものが従属変数に影響する可能性があり，誤差とよばれます。誤差には「子どもの月齢によって親と引き離された時の反応が違う」とか「急に入ってくる人が男性か女性かで子どものコミュニケーションが違う」とかの理由があって生じる系統的誤差と，偶然や個体差によって起きる非系統的誤差とがあって，そうした誤差の影響をできるだけ小さくして原因と結果との関係を上手に取り出すためのさまざまなテクニックのことを実験計画法といいます。

　独立変数が従属変数に与える影響の大きさ，つまり因果関係の強さを分析するためには統計的な方法が用いられることが多く，その代表的なものが分散分析法です。

> **調査の方法**

現象の間にある因果関係を知りたい時には実験をすればいいのですが，なんでも実験できるわけではありません。小学生の時の読書量が中学での成績に影響するという仮説をたてたとして，「小学生をたくさん読書させる群と読書させない群に分けて中学の成績が変わるか見る」という実験ができるでしょうか。まずそんな実験に協力してくれる学校や児童を確保できないかもしれませんし，実験条件によって読書しないことで将来不利になる子どもが生み出されるかもしれないことには倫理的な問題もあります。

　こうした倫理的な問題，または物理的経済的な問題で実験ができない時に，因果関係を推測するためにしばしば用いられるのが調査という方法です。調査では，実験でいう独立変数と従属変数のそれ

第9章　データから心をさぐる　　219

ぞれについて多数の人からデータを集めて、データの間の関係を統計的に分析することで因果関係を推測しようとします。

多数の中学生から「小学校の時にどのくらい本を読んだか」についてのデータと「中学校の成績」についてデータをとり、その2つのデータの間の関係を統計的に分析して「小学校の時に本を多く読んだ中学生ほど成績がよい」という関係が見いだされれば、小学生の時の読書量が中学での成績に影響を与えている可能性が大きくなります。これが調査のデータによる因果関係の推測です。

調査によってデータを手に入れる方法はさまざまですが、最も多く用いられているのは質問紙調査（アンケート調査）です。質問紙調査では、独立変数と従属変数のそれぞれを測定する質問項目や心理学的尺度を紙の上に並べて印刷して、それをたくさんの人に配布して答えを記入してもらい、回収して結果を統計的に分析することで、独立変数と従属変数の関係を探ろうとします。質問紙調査の対象となる人数は数十人から、時には数万人、数十万人におよぶことがあります。

実態調査・現地調査

調査には、ここまで述べたような実験ができない因果関係を推測する調査のほかに、研究しようとする現象や問題が現在どのようになっているのかを把握するために行われる実態調査というものもあります。実態調査のうち、特定の場所で起きている現象を、その場所に行って確認してこようとするものを現地調査といいます。因果関係を推測する調査が実験を調査に置き換えたものだとすれば、実態調査や現地調査は観察を調査に置き換えたものといえます。

心理学でこのような調査が行われることはあまり多くありませんが、社会学や社会福祉学、文化人類学、建築学や環境科学などでは

220　第Ⅳ部　心理学の歴史と方法

実態調査がしばしば行われます。実態調査や現地調査でも質問紙調査はよく用いられますが，それに加えて現象の起きている場での自然観察や系統的観察，関係する人へのインタビューなどの方法もよく用いられ，それらの調査結果が質的データとして得られることもよくあります。

3 心理統計学

　観察や実験，調査から得られた量的データ，あるいは数量化された質的データを分析して知識を得るためには，統計的な手法を用いることが一般的です。心理学で用いる統計的手法をまとめて心理統計学とよびます。心理統計学の基本的な方法には記述統計学と推測統計学があります。

記述統計学

　記述とは現象のありさまを文字や記号を用いて書き表し，それを通じて現象についての情報を他者に伝達することを言います。心理統計学においても，まず研究対象となる現象がどのように立ち現れているか，それがどのような性質をもっているかを統計的に示すことが求められ，その目的で用いられる統計学を記述統計学と呼びます。

　記述統計学の基礎になる統計値は頻度（度数）です。頻度とはある現象が起きた回数，ある特徴をもった人などの数を数えた数字のことを言います。またその頻度が全体の中でどのくらいの割合を占めるかという比率も大切な記述統計です。講演会の参加者のうちスマホをもっている人が 62 名，もっていない人が 89 名だったというのが頻度，スマホをもっている人の割合は全体の 41% だったとい

第 9 章　データから心をさぐる　221

うのが比率です。

　対象となる現象や人々が全体としてもっている特徴をひとつの数字で示すような統計量のことを代表値といいます。代表値には最頻値，中央値，平均値のようにデータの典型的な値を示す代表値と，分散や標準偏差のようにデータのばらつきを示す代表値があります。講演会に参加した人の平均年齢は 51.6 歳，標準偏差は 6.5 歳だった，というのがその例です。

　変数と変数との関係（相関関係）を示す統計値を相関係数といいます。身長と体重には，一般に身長が大きいほど体重も重くなるという関係がありますが，これを相関係数で示すと $r=0.8$ くらいになります。相関係数は 2 つの変数が完全に一致している時に 1.0 になり，数字が小さくなるほど関係は弱くなります。相関係数がゼロであれば，2 つの変数には何の関係もありません。もし身長が高いほど体重は軽くなるのでしたら，相関係数はマイナス 1.0 までの負の値をとります。

　記述統計学の結果は数字で示すだけでなく，グラフや散布図（相関関係を示すグラフ）を用いてビジュアルに示すこともできます。研究によって発見した事実を上手にグラフに示すことも心理学の研究を行ううえで大切な技術です。

推測統計学

　もうひとつの基本的方法に推測統計学があります。推測統計学とは，少数のデータから実際にはデータをとっていない部分も含めた全体の傾向を推測するための統計学です。高校生男子 50 人と女子 50 人を調査したところ，男子の平均身長は 170.8 cm，女子の平均身長は 162.5 cm でした。この結果から日本全国の高校生でも男子のほうが平均身長が高いと推測してよいでしょうか。そういう疑問に答えを出すのが推測

統計学です。

この時，日本全国の高校生を母集団，調査した100人を母集団から抽出された標本（サンプル）と考えて，サンプルから得られた統計の結果が母集団にもあてはめられる（一般化できる）かどうかを推測することが推測統計学の目的です。

推測統計学の代表的な手続きに統計的検定があります。統計的検定では，標本から得られた統計値を変換して統計学的な確率分布にあてはめることで，母集団ではそのような傾向がないのに標本でだけ偶然にそのような統計値が得られる確率（危険率，p）を計算します。この危険率が5%以下（$p<.05$）または1%以下（$p<.01$）である時だけ，標本で得られた結果は偶然ではなく，母集団に一般化して考えることができる，つまり統計的に有意であると考えることができます。心理学では研究によって見出された傾向や差が統計的に有意であった時に，その研究結果に意味があると考えることが一般的です。

一般に危険率pは標本からのデータに示された傾向や差が大きいほど（100人の高校生の身長に男女差が大きいほど），サンプルの数（サンプル・サイズ）が大きいほど（100人より150人，200人の高校生を調べたほうが）小さくなり，統計的に有意になりやすくなります。

よく使われる統計的検定には，分析しようとするデータの種類や性質に応じて χ^2 検定，t 検定などがありますし，実験データの分析では分散分析法を統計的検定として用いることもあります。統計的検定では標本が母集団全体から偏りなく抽出されていること（ランダム・サンプリング）が統計的推測の前提になりますが，心理学のデータではこの前提が満たされていない例が多いことがしばしば問題になります。

第9章　データから心をさぐる　223

| 多変量解析 |

心理学でよく使われる統計手法には多変量解析もあります。多変量解析とはある現象に関わるたくさんの変数の間の関係を分析して，それらがつくり出している構造やシステムを明らかにしようとする統計手法のことを言います。

多変量解析のうち，たとえば重回帰分析はいくつもの独立変数が同時に従属変数に影響を与えていると考えられる時に，独立変数がそれぞれどのくらいの大きさの影響を与えているのかを明らかにします。女性が結婚相手として男性を評価する時に身長，収入，性格，学歴を参考にするとして，それらの中でどれがいちばん重要なのか，収入と性格ではどちらが評価に大きな影響を与えるのか，といったことが知りたいような場合に重回帰分析を使うことができます。

もうひとつよく用いられる多変量解析に因子分析があります。因子分析はたくさんの変数の間の関係から，変数をいくつかの次元やグループに分類しようとする時によく使われます。第2章で紹介したビッグファイブの性格特性論は，たくさんの性格特性について得られたデータを因子分析することで，それらの特性を5つの次元に分類しています。

統計的検定にしても多変量解析についても，分析しようとするデータの性質（質的データか，量的データか）や独立変数と従属変数の数，分析の目的などに見合った正しい方法を用いることが大切です。間違った方法で分析された結果は，データから間違った情報を導き出すことがあります。

| モデルの適合性と ベイズ統計 |

20世紀の終わりくらいからの心理統計学は，それまでのように個別の変数間の関係を検定したり変数を分類したりするだけで

224　第Ⅳ部　心理学の歴史と方法

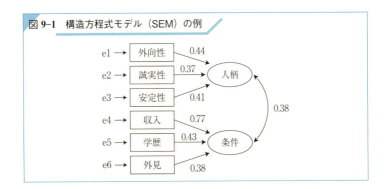

図 9-1 構造方程式モデル（SEM）の例

なく，研究の対象になる現象が生じるしくみについてのモデルを立てて，そのモデルが実際のデータとどのくらい一致しているか（適合性）を分析することを通じて，現象を最もよく説明するモデルを選択しようとする傾向が強くなってきました。

そうした目的でよく使われるのが構造方程式モデル（SEM）です。構造方程式モデルではたくさんの変数の間の相関関係のデータを基にして，それらの変数全体がどのような原因と結果の関係をなしているかについてのモデルを立て，そのモデルが実際に得られたデータとどのくらい適合しているかを分析していきます。モデルの適合性を分析する方法を用いて研究対象となる現象を説明するよりよいモデルを探そうという研究スタイルは心理学の中で大きな位置を占めつつあります。そうした研究スタイルでは，これまでの統計的検定や推測統計学の基本的な考え方にさまざまな問題点が指摘されるようになり，ベイズ統計とよばれる新しい統計の考え方が徐々に力を増しています。

4 質的研究法

20世紀の心理学は量的データと心理統計学を用いた科学的研究法によって多くの成果を上げてきましたが，いっぽうでそうした量的方法からはこぼれおちてしまうような現象を質的な方法で研究しようとする考え方も失われておらず，とくに1990年代以降は質的研究法の再評価が進んできました。

法則定立型研究と個性記述型研究
ドイツの哲学者であるヴィンデルバントは20世紀の初めに，人間についての科学を法則定立型研究と個性記述型研究に分けて考えることを提唱しました。法則定立型研究とは，すべての人間に大なり小なりあてはまるような行動や心理の法則を発見することを目的にする研究スタイルのことを言い，自然科学のような意味での科学の多くはこれにあたります。心理学では量的なデータと心理統計学を駆使して行われるような研究の多くが法則定立型研究です。

いっぽう個性記述型研究とは，一般法則を発見するのではなく，あるひとりの人間が経験したこと，その人の行動や心理を，その人が生きる時間の流れや，その人を取り巻く状況や文脈との関係の中から理解しようとするような研究をいいます。個性記述型研究では質的データとその分析が研究の基礎になります。

20世紀の終わりに質的研究法が見直されたのは，心理学を含む人文社会科学の中で個性記述型の研究が再評価されるようになったことと関係していました。

226 第IV部 心理学の歴史と方法

質的研究法のデータ　質的研究法が用いるのは質的データ，つまり「ことば」として得られるデータです。その代表的なものが聞き取り，つまりインタビューのなかで語られたことばの記録です。質的研究法を用いる心理学者は，研究したい特徴をもっている人，あるいは研究したい経験を実際にした人に会って，そうした特徴や経験について時間をかけてインタビューします。そこではそうした特徴や経験と関係する個人史（ある人が生まれて育ってきた歴史）や，その人の置かれた環境や状況などの文脈ができるだけくわしく聞き取られます。聞き取られた結果を文字に起こしたものが研究のデータとなります。

　研究対象となる人がみずから書いた日記や手紙などの個人的記録が質的データとして研究に用いられることもあります。オールポートはジェニーという一人の女性が11年にわたって書いた301通の手紙を分析して，このジェニーという人のパーソナリティや生活を見事に描き出しました（Allport, 1965）。この研究は質的研究法の古典として現在も高く評価されています。

質的データの分析法　質的データから研究のための情報を得るための基本的な方法は，データをじっくり読み込むことですが，それだけでは読む人によって違った情報が取り出されたり，主観性が入り込んだりして客観性が低くなりやすくなります。また，別々の個人のデータを比較して共通性と差異を見出すことも困難です。そこで，質的データを一定の手続きに基づいて整理することで客観性を高め，個人間の比較も容易にする方法がいろいろと考案されています。

　そうした方法の中で最も古典的なものがKJ法（川喜田，1967）です。KJ法では質的データの情報をカードなどに転記してテーブル

第9章　データから心をさぐる　　227

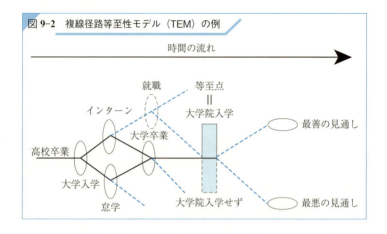

図 9-2 複線径路等至性モデル（TEM）の例

上に並べ，類似したものや関係のあるものを近くに集めていくことで，質的データに示された内容を分類整理していきます。また，グラウンデッド・セオリー・アプローチ（戈木，2016）では，観察された現象の中で人々が演じる役割と相互作用，結果と生じる変化を「理論」として取り出すために，オープン・コーディング，アキシャル・コーディング，セレクティブ・コーディングという3つの手続きを通じて，質的データを分析していきます。

TEM（複線径路等至性モデリング）も質的データの分析法として代表的なものです（安田ほか編，2015）。TEMでは，複線径路等至性アプローチ（TEA）に基づいて，質的データに示された個人の経験を時間の流れを追ってビジュアル化しながら，複数の個人の体験に共通する必須通過点と共通のゴールである等至点を見出すとともに，必須通過点を経て等至点にいたるまでの経路を分析していきます。

5 研究結果の再現性と研究不正

2011 年に，非常に権威のある学術誌に人間の未来予知能力を肯定する論文が掲載されました（Bem, 2011）。著者が社会心理学の重鎮であるベムであったことも含めて，この論文は心理学の世界に大きな反響を巻き起こします。当然のことながら，多くの心理学者がこの研究結果に疑義を唱えました。何人もの心理学者が，この実験の追試を行いましたが，同じ結果を再現することはできませんでした（Ritchie et al., 2012）。前述のように，科学的データの客観性のひとつの基準は再現可能性ですから，この研究結果の客観性に疑問が呈されたことになります。

研究結果が追試によって反証されることは科学の信頼性を高めることにつながりますから，この出来事じたいは心理学が科学であることを再確認させました。しかし問題は，こうした再現性のなさがベムの研究だけにかぎったことではなかったことです。

2015 年になると，統計的に有意な結果が報告された 100 件の心理学研究を追試してみたところ，有意な結果が再現されたのは 39 件にすぎなかった，という報告が発表されます（Open Science Collaboration, 2015）。このことは心理学研究の信頼性を大きく揺るがす出来事でした。もっとも，こうした再現性問題は心理学だけの問題ではなく，医学をはじめ多くの分野で深刻な問題として認識されるようになっています（Baker, 2016）。では，再現性問題はなぜ起きるのでしょう。また，再現性を高めて研究の信頼性を高めるために，どのような方法が考えられているのでしょう。

第 9 章　データから心をさぐる　　229

Column ⑮ ベムの予知実験

透視や千里眼，念力や念写，未来予知など人間の超能力（psi）と呼ばれる能力には，古くから多くの心理学者が興味をもち，研究してきました。日本最初の臨床心理学者であった福来友吉（1869-1952）も千里眼や念写を研究テーマにした心理学者のひとりです。しかしこれまでのところ，そうした超能力を証明するきちんとした研究成果は得られていません。

社会心理学やパーソナリティ心理学の分野でたくさんの業績を挙げてきたダリル・ベム（D. Bem; 1938-　）は，2011 年に世界で最も権威のある心理学誌のひとつである *Journal of Personality and Social Psychology*（JPSP）に人間の予知能力の存在を確認したという論文を発表します（Bem, 2011）。この論文でベムは，コンピュータ画面に現れる画像や文字のうちどれかを選択する，という心理学でとてもよく使われる実験手法を用いて，ランダムに提示される画像や文字の中に不快な内容や性的な内容が含まれている時に，人はそれを予期して回避することができることを示しました。

ベムの研究は洗練された手法で実施されており，統計的にも有意な結果を示しているために，JPSP はそれを採択して掲載しました。当然のことながら，この論文は大きな議論を巻き起こします。そして，何人もの心理学者がベムの実験を追試して，本当にそういう結果が出るのかを確かめましたが，ベムが示した結果を再現することはできませんでした。たとえばイギリスのリチーら（Ritchie et al., 2012）はベムの実験の一部をベムと同じ材料，同じ実験プログラムを用いて追試しましたが，結果は否定的なものでした。

こうした追試研究は JPSP をはじめ権威ある学術誌に投稿されましたが，学術誌側が「追試論文は独自性がないので掲載しない」という態度を示したことも，大きな問題になりました。また，ベムの論文のデータや分析に疑わしい研究実践（QRPs）が含まれているという指摘もあります（Wagenmakers et al., 2011）。ベムの論文をめぐる一連の経緯は，研究の再現性や疑わしい研究実践に対する心理学の対応に大きな影響を与えたという点で，歴史に残るものといえます。

| 研究の不正 |

研究結果の再現性を低める最も深刻な原因は，研究者が不正を行って，事実と違う研究成果を報告することです。研究者の不正にはさまざまなケースがありますが，代表的なものがデータのねつ造（Fabrication），データの改ざん（Falsification），そしてデータの盗用（Plagiarism）で，それぞれの頭文字をとって FFP とよばれます。

データのねつ造とは，じっさいに実験も調査もせずに，自分に都合のいいデータをでっちあげることを言います。心理学では 1930 年代にイギリスのバート（C. Burt）が示した知能の遺伝に関するデータがねつ造であったとする説が根強いですし，最近では 2011 年に，自己や感情の研究で有名だったオランダのスタペル（D. Stapel）の研究データのほとんどがねつ造であったことが明らかになり，多くの論文が取り下げられるとともに，スタペル自身も大学の職を失っています。

データの改ざんとは，じっさいに実験や調査を行ったデータであっても，その分析結果が自分の都合のよいものになるようにデータを取捨選択したり，一部改変したりすることをいいます。データの盗用はねつ造・改ざんとは少し性質が違い，自分以外の人がとったデータを自分がとったものとして分析し，その成果を自分の研究として発表することをいいます。

こうした研究不正のうちデータのねつ造と改ざんは，事実に基づかないデータによって得られた知識を研究として発表するわけですから，研究結果は事実とは一致せず，追試によって再現することもありません。それだけでなく，データをねつ造することは，事実かどうかをデータによって確認するという科学の根本的なしくみの否定であり，けっして容認することはできません。

第 9 章　データから心をさぐる　231

研究不正の防止　2014 年に日本で起きた STAP 細胞に関わる研究不正事件で明らかになったように，研究不正は科学の信頼性を低めるとともに，それを行った研究者のキャリアを台無しにするだけでなく，その研究者が属する研究機関にも大きな損害を与えます。そのため，現在では研究不正には研究費の返還や一定期間の申請禁止など厳しい罰則が定められるとともに，大学などの研究機関は所属する研究者や学生に研究不正を防ぐための倫理教育を行うことが義務づけられています。

倫理教育だけでなく，研究不正への動機づけを低めることも大切です。大学院で研究者養成教育を受けた人が研究職に就くことは世界的に難しくなっており，大学院を修了してから研究職に就くまでの期間は身分も生活も不安定になりやすく，そうした境遇から抜け出すためにも研究業績を早くたくさん生み出すことが必要です。そうした苦しい状況に研究不正への誘惑が忍び込むのです。若手研究者の待遇や環境を改善し，不正をしてでも研究業績を挙げたいと思う気持ちを和らげることも，研究不正の防止のために必要なことでしょう。

疑わしい研究実践　研究不正のように意図的に行われるわけではないが，研究者が日常的に用いている研究のやり方や手続きの中に研究データの信頼性を損ない，研究結果の再現性を低めてしまうようなものが含まれている，ということが最近問題にされるようになり，それらを疑わしい研究実践（Questionable research practices: QRPs）とよんでいます。

疑わしい研究実践の代表的なものが p-ハッキングです。p-ハッキングとは研究結果が統計的に有意になるように，p（危険率）が少しでも小さくなるように，データや分析方法を手直しすることをいい

232　第 IV 部　心理学の歴史と方法

ます。50 人のデータをとったら結果が有意にならなかった時に，もう 30 人分データをとって 80 人のデータで再分析したら有意になったなら，論文には最初から 80 人とったように報告する，あるいは実験や調査の対象人数を少しずつ増やしていって結果が有意になった時点でデータをとるのをやめる，といったことは頻繁に行われていますが，統計学的には間違った分析であり（大久保，2016），代表的な p-ハッキングということができます。

　統計的検定には別の問題も指摘されています。それは統計的検定の原理上，サンプルの人数が大きくなるとどんなに小さな差や傾向でも統計的に有意になってしまうということです。高校 1 年の男子の数学の平均点が 100 点満点で 76.5 点，女子は 76.3 点だったとして，その程度の差には教育上の意味はあまりありません。しかし 5 万人，10 万人のデータをとればその差も統計的に有意になります。統計的に有意であるかどうかと，その差や傾向に意味があるかどうかは別なのです。最近では論文には統計的検定の結果だけでなく効果量（研究で示された差や傾向が実際にどれだけ大きいのかを示す数値）を示すことが求められることが増えました。

HARKing と
出版バイアス

疑わしい研究実践には，仮説とデータとの関係に関わるものもあります。一般に研究ではまず事実についての仮説を立てて，その仮説を検証するためにデータをとります。データが仮説に合えば仮説が採択され，データが合わなければ仮説が捨てられます。ところが，実際の研究ではデータをとってからそのデータに合わせて仮説を修正して，まるで最初からデータにぴったりの仮説があったように装うことがあります。これを HARKing（Hypothesizing After the Results are Known 結果がわかってから仮説を立てる，という意味）とよ

第 9 章　データから心をさぐる　　233

びます。

　HARKing は心理学に限らず多くの研究の現場で当たり前に行われており，研究者養成教育や研究指導の中で推奨されることすらありました。しかし実験や調査が失敗したり，データが信頼できない時にもそのデータに合わせて仮説をつくってしまい，仮説が検証されたように報告されますから，その研究結果の再現性は小さくなります。そのため，最近は HARKing を防ぐことが重視されるようになっています。

　また，研究が発表される学術誌や学会のあり方にも問題が指摘されています。研究の現場には仮説が検証されて成功する研究と同じくらいの「失敗した研究」とそのデータが存在するはずです。しかし，学術誌や学会発表では成功した研究だけが発表され，評価される傾向が強く，失敗した研究やそのデータが報告されることはまずありません。こうした，うまくいった結果だけが報告されてうまくいかなかったデータは報告されないことを出版バイアス（publication bias）とよび，これも研究結果の再現性を低める要因と考えられています。

事前登録研究と
追試研究

　こうした疑わしい研究実践を防ぎ，研究の再現性を高めるために，さまざまな対策が考えられています。そのひとつが事前登録研究（pre-registration）の制度です。研究を実施してデータをとる前に，研究計画やデータの分析法を決めて変更できないように登録しておき，その通りにデータ収集や分析を行ったものだけを学術誌に掲載することで，HARKing や p-ハッキングを防ごうとするものです。また，研究結果が出てからでなく事前登録の時点で研究計画を審査して合格したものは，実際にデータをとって仮説が検証されて

234　第Ⅳ部　心理学の歴史と方法

も検証されなくても学術誌に掲載することで，出版バイアスを防ごうとする制度（レジスタード・レポーツ）も普及しはじめています。

　研究結果の再現性を高めるためには，追試が繰り返されることも大切ですが，これまで追試の研究は新規性や独自性に欠けるとみなされ，評価されにくく学術誌にも掲載されませんでした。そうした現状を改めて，追試の結果も大切な知識として学術誌に掲載し，評価していこうという動きが強まっています。こうした世界的な潮流に対応して，日本国内の学術誌も事前登録研究や追試研究の受け入れを進めています（加藤，2018）。

参 考 文 献

● 第 1 章　心理に関する支援を行う──臨床心理学

Beck, A. T., Rush, A. J., Shaw, B. F., & Emery, G. (1979). *Cognitive therapy of depression*. Guilford Press.（坂野雄二監訳，1992『うつ病の認知療法』岩崎学術出版社）

松本佳久子（2009）.「『大切な音楽』を媒介とした少年受刑者の語りの変容と意味生成の過程」サトウタツヤ編『TEM ではじめる質的研究──時間とプロセスを扱う研究をめざして』誠信書房，pp. 101-122.

鈴木伸一・熊野宏昭・坂野雄二（1999）.「認知行動療法」
http://hikumano.umin.ac.jp/cbt_text.html

Witmer, L. (1907). Clinical psychology. *Psychological Clinic*, 1, 1-9.

● 第 2 章　性格は変えられるか──性格と個人差の心理学

Costa, P. T., Jr., & McCrae, R. R. (1992). *The NEO PI-R professional manual*. Psychological Assessment Resources.

● 第 4 章　人が生まれてから死ぬまで──発達心理学

荒木剛（2005）.「いじめ被害体験者の青年期後期におけるリズィリエンス（resilience）に寄与する要因について」『パーソナリティ研究』14, 54-68.

Baltes, P. B., & Staudinger, U. M. (2000). Wisdom: A metaheuristic (pragmatic) to orchestrate mind and virtue toward excellence. *American Psychologist*, 55, 122-136.

エリクソン，E. H.／岩瀬庸理訳（1973）.『アイデンティティ──青年と危機』金沢文庫

Fantz, R. L. (1966). Pattern, discrimination and selective attention as determinants of perceptual development from birth. In A. H. Kidd & J. L. Rivoire (Eds.), *Perceptual development in children* (pp. 143-173). International Universities Press.

Harlow, H. F. (1958). The nature of love. *American Psychologist*, 13, 673-685.

深谷昌志・深谷和子監修（2003）.「『いじめ』の残したもの」『モノグラフ・小学生ナウ』23(2), ベネッセ未来教育センター

伊藤美奈子（2006）．「いじめはどうして起こるのか」内田伸子編『発達心理学キーワード』有斐閣，pp. 208-209.

小杉正太郎・川上真史（2004）．『仕事中だけ「うつ」になる人たち——ストレス社会で生き残る働き方とは』日本経済新聞社

丸野俊一（1990）．「認知」無藤隆・高橋惠子・田島信元編『発達心理学入門 I ——乳児・幼児・児童』東京大学出版会，pp. 82-107.

文部科学省（2009）．「平成20年度『児童生徒の問題行動等生徒指導上の諸問題に関する調査』結果（小中不登校等）について」

森田洋司・清永賢二（1994）．『いじめ——教室の病い（新訂版）』金子書房

岡本夏木（1982）．『子どもとことば』岩波書店

岡本依子・塚田 - 城みちる・菅野幸恵（2004）．『エピソードで学ぶ乳幼児の発達心理学——関係のなかでそだつ子どもたち』新曜社

繁多進（1987）．『愛着の発達——母と子の心の結びつき』大日本図書

鈴木忠（2008）．『生涯発達のダイナミクス——知の多様性 生きかたの可塑性』東京大学出版会

高砂美樹（2003）．「19世紀の心理学——ドイツとアメリカにおける展開」サトウタツヤ・高砂美樹『流れを読む心理学史——世界と日本の心理学』有斐閣，pp. 10-42.

谷冬彦（2001）．「青年期における同一性の感覚の構造——多次元自我同一性尺度（MEIS）の作成」『教育心理学研究』**49**，265-273.

Thomas, A., & Chess, S.（1977）. *Temperament and development.* Brunner/Mazel.（林雅次監訳，1981『子供の気質と心理的発達』星和書店）

内田伸子（1991）．「世界を知る枠組みの発達」内田伸子・臼井博・藤崎春代『乳幼児の心理学』有斐閣，pp. 131-152.

氏家達夫（2006）．「成人期のパーソナリティ発達はどのように捉えられるのか」内田伸子編『発達心理学キーワード』有斐閣，pp. 220-221.

Vaillant, G. E.（1993）. *The wisdom of the ego.* Harvard University Press.

●第8章　心はどう探究されてきたか——心理学の歴史

サトウタツヤ（2003）．「心理学と社会——心理学領域の拡大」サトウタツヤ・高砂美樹『流れを読む心理学史——世界と日本の心理学』有斐閣，pp. 75-129.

●第9章　データから心をさぐる——心理学の研究法

Allport, G. W.（1965）. *Letters from Jenny.* Harcourt, Brace.（青木孝悦・萩原滋

訳，1982『ジェニーからの手紙——心理学は彼女をどう解釈するか』新曜社）

Baker, M.（2016）. 1,500 scientists lift the lid on reproducibility. *Nature*, **26**; 533 (7604), 452-54.

Bem, D.（2011）. Feeling the future: Experimental evidence for anomalous retroactive influences on cognition and affect. *Journal of Personality and Social Psychology*, **100**（3）, 407-25.

加藤司（2018）.「『パーソナリティ研究』の新たな挑戦——追試研究と事前登録研究の掲載について」『パーソナリティ研究』**27**, 99-124.

川喜田二郎（1967）.『発想法——創造性開発のために』中公新書

大久保街亜（2016）.「帰無仮説検定と再現可能性」『心理学評論』**59**, 57-67.

Open Science Collaboration（2015）. Estimating the reproducibility of psychological science. *Science*, **349**, aac4716.

Ritchie, S. J., Wiseman, R., & French, C. C.（2012）. Failing the future: Three unsuccessful attempts to replicate Bem's 'Retroactive Facilitation of Recall' Effect. *PLoS ONE*, **7**, e33423.

戈木クレイグヒル滋子（2016）.『グラウンデッド・セオリー・アプローチ——理論を生みだすまで（改訂版）』新曜社

Wagenmakers, E., Wetzels, R., Borsboom, D., & van der Maas, H.（2011）. Why psychologists must change the way they analyze their data: The case of psi: Comment on Bem（2011）*Journal of Personality and Social Psychology*, **100**（3）, 426-432.

安田裕子・滑田明暢・福田茉莉・サトウタツヤ編（2015）.『TEA 理論編——複線径路等至性アプローチの基礎を学ぶ』新曜社

ブックガイド

●序章　心理学ってなんだ？──心理学の仕事とテーマ

　ここでは，心理学全体に関する書籍を紹介しておきます。本書で心理学に入門を果たしたら，知識量も構成も桁違いに大きな**無藤隆・森敏昭・遠藤由美・玉瀬耕治『心理学（新版）』（有斐閣，2018年）**のような本に本格的に取り組んでみるのもよいでしょう。より情報量の多い教科書としては **S. N. ホークセマほか（内田一成訳）『ヒルガードの心理学（第16版）』（金剛出版，2015年）**が高価ですが定評があります。心理学と仕事や社会との関連については**中西大輔・今田純雄編『あなたの知らない心理学──大学で学ぶ心理学入門』（ナカニシヤ出版，2015年）**があります。

　有斐閣双書キーワード・シリーズとして，**森敏昭・中條和光『認知心理学キーワード』（有斐閣，2005年）**，**内田伸子編『発達心理学キーワード』（有斐閣，2006年）**，**山岸俊男編『社会心理学キーワード』（有斐閣，2001年）**，**坂野雄二編『臨床心理学キーワード（補訂版）』（有斐閣，2005年）**，**森敏昭・秋田喜代美編『教育心理学キーワード』（有斐閣，2006年）**の各分野がそろっており，ハンディな体裁に多様な項目と充実した解説が満載です。

　サトウタツヤ『心理学の名著30』（ちくま新書，2015年）は心理学をつくり上げた名著を書いた心理学者30人を中心に心理学を広く浅く学ぶことができます。

　日本心理学会『心理学叢書』は日本心理学会が一般向けに出版している書物でシリーズ化されています。「病気のひとのこころ──医療のなかでの心理学」「超高齢社会を生きる──老いに寄り添う心理学」「高校生のための心理学講座──こころの不思議を解き明かそう」「本当のかしこさとは何か──感情知性（EI）を育む心理学」など10冊以上が刊行されています。くわしくは https://psych.or.jp/publication/sousho/ を参照してください。

●第1章　心理に関する支援を行う——臨床心理学

　G. C. デビソン・J. M. ニール・A. M. クリング（下山晴彦編訳）『テキスト臨床心理学（全5巻・別巻1）』（誠信書房，2006-2008年）は，第1巻「理論と方法」，第2巻「研究と倫理」，第3巻「不安と身体関連障害」，第4巻「精神病と物質関連障害」，第5巻「ライフサイクルの心理障害」という構成が示すように，現在の臨床心理学を取り巻く状況や必要な知識・技術を包括的にまとめてあります。別巻は「理解のための手引き」です。田中千穂子・栗原はるみ・市川奈緒子編『発達障害の心理臨床——子どもと家族を支える療育支援と心理臨床的援助』（有斐閣，2005年）は，発達障害という考え方の時間的変化も押さえながら，実践者や親の声を取り入れ，発達障害（児）と彼／彼女らへの関わり方を示唆しています。佐野直哉編『臨床心理士の仕事——その活動の実際（現代のエスプリ498）』（至文堂，2008年）は，さまざまな現場で活躍する臨床心理士の声を聞くことができ，その多様性を実感することができます。

　島井哲志『幸福の構造——持続する幸福感と幸せな社会づくり』（有斐閣，2015年）はポジティブ心理学のことも記述しつつ，その一歩先の「幸福」についての心理学を紹介しています。

　廣井亮一・中川利彦・児島達美・水町勇一郎『心理職・援助職のための法と臨床——家族・学校・職場を支える基礎知識』（有斐閣，2019年）は家庭裁判所調査官経験者，弁護士，臨床心理学者などが心理支援にとって重要な法の知識を解説しています。

●第2章　性格は変えられるか——性格と個人差の心理学

　性格についてのまとまった概論書としては，榎本博明・安藤寿康・堀毛一也『パーソナリティ心理学——人間科学，自然科学，社会科学のクロスロード』（有斐閣，2009年）や小塩真司『Progress & Application パーソナリティ心理学』（サイエンス社，2014年）があります。鈴木公啓ほか『パーソナリティ心理学入門——ストーリーとトピックで学ぶ心の個性』（ナカニシヤ出版，2018年）も個性的な入門書です。各論としてはまず安藤寿康『「心は遺伝する」とどうして言えるのか——ふたご研究のロジッ

ブックガイド　241

クとその先へ』（創元社，2017 年）が行動遺伝学の入門書として優れています。また一貫性問題など性格心理学の概念的な問題については，**渡邊芳之『性格とはなんだったのか——心理学と日常概念』（新曜社，2010 年）**を読むのもよいでしょう。いっぽう，血液型と性格の問題については**大村政男『新訂 血液型と性格』（福村出版，1998 年）**を読むと詳細な歴史的背景がよく理解できます。

●**第 3 章　身近な人や社会との関係——社会的行動の心理学**

社会的行動を取り扱う社会心理学については池田謙一・唐沢穣・工藤恵理子・村本由紀子『社会心理学（補訂版）』（有斐閣，2019 年）が現在最も情報量の多い概論書のひとつといえます。また亀田達也・村田光二『複雑さに挑む社会心理学——適応エージェントとしての人間（改訂版）』（有斐閣，2010 年）や北村英哉・大坪庸介『進化と感情から解き明かす 社会心理学』（有斐閣，2012 年）も新しい研究知見をふんだんに取り込んだよい概説書です。説得や服従などに関わる人から人への影響については R. B. チャルディーニ（社会行動研究会訳）『影響力の武器——なぜ，人は動かされるのか（第二版）』（誠信書房，2007 年）が興味深いでしょう。いじめの問題については内藤朝雄『いじめの構造——なぜ人が怪物になるのか』（講談社，2009 年）が独自の見方を提示しています。またミルグラムの服従実験など心理学で議論をよんだ実験についてまとめた L. スレイター（岩坂彰訳）『心は実験できるか——20 世紀心理学実験物語』（紀伊國屋書店，2005 年）も，やや批判的なスタンスで考えさせます。

R. S. ジョアンヌ・S. A. ハスラム編（樋口匡貴・藤島喜嗣監訳）『社会心理学・再入門——ブレークスルーを生んだ 12 の研究』（新曜社，2017 年）は社会心理学の重要な研究を原典に遡り読むことができます。

川合伸幸『ヒトの本性——なぜ殺し，なぜ助け合うのか』（講談社，2015 年）は攻撃や援助関係をキーワードについて人間の心について考えます。

● 第4章　人が生まれてから死ぬまで——発達心理学

岡本依子・菅野幸恵・塚田‐城みちる『エピソードで学ぶ乳幼児の発達心理学——関係のなかでそだつ子どもたち』（新曜社，2004 年）と菅野幸恵・塚田みちる・岡本依子『エピソードで学ぶ赤ちゃんの発達と子育て——いのちのリレーの心理学』（新曜社，2010 年）は，いずれも，生活場面に即した具体的なエピソードが満載されており，気軽に乳幼児期の様子を知ることができます。また，後者には，新生児反射の動画を見ることのできるサイト（http://www.shin-yo-sha.co.jp/episode_akachan.htm）があり，文字や写真だけではわかりにくい行動について理解することができます。桜井茂男・濱口佳和・向井隆代『子どものこころ——児童心理学入門』（有斐閣，2003 年）は，子どもの発達について段階ごとにわかりやすい記述があります。また，不登校や虐待といった臨床心理学に近い内容も充実しています。鈴木忠『生涯発達のダイナミクス——知の多様性 生きかたの可塑性』（東京大学出版会，2008 年）は，知的側面に焦点が限られているものの，長いスパンの発達を社会との影響を考えながら記述しています。高齢者＝能力低下というだけではないことを考える契機にもなります。

鈴木忠・飯牟礼悦子・滝口のぞみ『生涯発達心理学——認知・対人関係・自己から読み解く』（有斐閣，2016 年）は生涯発達について，単純な成長と老化として捉えるのではなく，さまざまな側面から考察しています。発達心理学の重要な研究を原典に遡り読むことができます。

A. M. スレーター・P. C. クイン編（加藤弘通・川田学・伊藤崇監訳）『発達心理学・再入門——ブレークスルーを生んだ 14 の研究』（新曜社，2017 年）も参考になります。

● 第5章　心を測る——心理学的アセスメント

心理学的アセスメントの概論書は非常に多く出版されていますが，なかでも村上宣寛・村上千恵子『改訂 臨床心理アセスメントハンドブック』（北大路書房，2008 年）は著者独自の視点から多くの技法を包括的に解説しています。なお個別のアセスメント技法についてはそれぞれに解説書が

ブックガイド　**243**

刊行されています。心理学的アセスメントへの批判的な論説としては上記ハンドブックと同じ著者による**村上宣寛『IQ ってホントは何なんだ？——知能をめぐる神話と真実』**（日経 BP 社，2007 年）や，より専門的なものとして**サトウタツヤ『IQ を問う——知能指数の問題と展開』**（ブレーン出版，2006 年）があります。

●**第 6 章　世界をどうとらえるか——知覚・認知・記憶の心理学**

　知覚や認知に関する概説書としては**箱田裕司・都築誉史・川畑秀明・萩原滋『認知心理学』**（有斐閣，2010 年）が最も包括的で情報量が多いと思います。また知覚とアフォーダンスとの関係については**佐々木正人『アフォーダンス入門——知性はどこに生まれるか』**（講談社，2008 年）が，ダーウィンや進化論的な考え方と結びつけてわかりやすく論じています。興味深いいろいろな錯覚については**北岡明佳『錯視入門』**（朝倉書店，2010 年）に驚かされます。記憶や認知のバイアスについては**E. F. ロフタス・K. ケッチャム**（仲真紀子訳）**『抑圧された記憶の神話——偽りの性的虐待の記憶をめぐって』**（誠信書房，2000 年）がとても参考になります。

●**第 7 章　あなたはなぜそのように行動するのか——行動と学習の心理学**

　行動と学習について日本語で読める包括的な概論書としては**J. E. メイザー**（磯博行・坂上貴之・川合伸幸訳）**『メイザーの学習と行動（日本語版第 3 版）』**（二瓶社，2008 年）以上のものはないでしょう。D. P. トーデス著，O. ギンガリッチ編（近藤隆文訳）**『パヴロフ——脳と行動を解き明かす鍵』**（大月書店，2008 年）では，条件反射の発見にとどまらないパヴロフの人生と業績についてくわしく理解できます。オペラント条件づけとスキナーの行動分析学については**坂上貴之・井上雅彦『行動分析学——行動の科学的理解をめざして』**（有斐閣，2018 年）や**島宗理『応用行動分析学——ヒューマンサービスを改善する行動科学』**（新曜社，2019 年）があります。第 3 章で挙げた『心は実験できるか』にもスキナーの実験へのやや批判的な紹介があります。

●第 8 章　心はどう探究されてきたか——心理学の歴史

　自分の本を定番というのも気がひけますが，心理学史に方法論と日本の歴史を取り入れた**サトウタツヤ・高砂美樹『流れを読む心理学史——世界と日本の心理学』**（有斐閣，2003 年）があります。また**大芦治『心理学史』**（ナカニシヤ出版，2016 年）も包括的な内容です。心理学者個人に焦点をあててその活躍を感じたいなら D. コーエン（子安増生監訳，三宅真季子訳）**『心理学者，心理学を語る——時代を築いた 13 人の偉才との対話』**（新曜社，2008 年）がよいでしょう。J. A. ポップルストーン・M. W. マクファーソン（大山正監訳）**『写真で読むアメリカ心理学のあゆみ』**（新曜社，2001 年），**苧阪直行編『実験心理学の誕生と展開——実験機器と資料からたどる日本心理学史』**（京都大学学術出版会，2000 年）の 2 冊は写真が多くて参考になります。

　サトウタツヤ『臨床心理学史』（東京大学出版会，2019 年）は臨床心理学の歴史を心理学との関係で読み解いています。

　最近の新しい心理学の動向に関連して，**王暁田・蘇彦捷編（平石界ほか訳）『進化心理学を学びたいあなたへ——パイオニアからのメッセージ』**（東京大学出版会，2018 年）も参考になります。

●第 9 章　データから心をさぐる——心理学の研究法

　心理学の研究法を概観するためには**サトウタツヤ・鈴木直人編『心理調査の基礎——心理学方法論を社会で活用するために』**（有斐閣，2017 年）や**高野陽太郎・岡隆編『心理学研究法——心を見つめる科学のまなざし（補訂版）』**（有斐閣，2017 年）が手頃です。より専門的なものとしては**大山正監修『心理学研究法』全 6 巻**（誠信書房，2011-2015 年）があります。心理統計学の入門書としては**南風原朝和『心理統計学の基礎——統合的理解のために』**（有斐閣，2002 年）と**『続・心理統計学の基礎——統合的理解を広げ深める』**（有斐閣，2014 年）がお薦めです。質的研究法の入門書としては**U. フリック（鈴木聡志訳）『質的研究のデザイン』**（新曜社，2016 年）があります。

ブックガイド　　**245**

事項索引

◆あ 行

愛　着　107, 120
アイデンティティ　→自己同一性
アイヒマン実験　88, 207
アクション・リサーチ　204
アフォーダンス　156
アルバート坊や　35, 93, 205
安全基地　107
医学モデル　28
医　師　2
意　識　203
いじめ　27, 37, 85, 115
異常人格　50
異常心理学　28
1 語文　105
一貫性論争　62
遺　伝　57, 93, 206
遺伝・環境論争　92
遺伝決定論　58
遺伝と環境　57
　　——の相互作用　58
意味記憶　160
意味ネットワーク　160
因果関係　219
因子分析　224
インタビュー（聞き取り調査）　215,
　221, 227
ウェクスラー型知能検査　30, 135
疑わしい研究実践（QRPs）　232
内田クレペリン精神検査　30, 138,
　141

うつ病　32, 36
英　知　13, 125
エソロジー　→動物行動学
エピジェネティック　99
エピソード記憶　160
エビデンス・ベースト臨床心理学
　34
演技性パーソナリティ障害　65
遠城寺式乳幼児分析的発達検査法
　137
援助行動　80
応用行動分析　36
オペラント行動　35, 175, 205
オペラント条件づけ　175, 181, 187
　　——の消去　187
　　——の弁別　185
親の養育態度　59
音楽療法　43, 44

◆か 行

回帰分析　93
外　言　96
外向型　52, 203
介護福祉士　4
ガイダンス　28
改訂長谷川式簡易知能評価スケール
　（HDS-R）　137
介　入　28
解発刺激（リリーサー）　173
解離性同一性障害　63
会話のテクニック　75

カウンセリング　27, 29, 207
学　習　168
　——される行動　174, 175
　連合の——　177
学習性無力感　9
学習理論　35
確証バイアス　163
確率分布　223
仮現運動　204
家族療法　42, 44
学　校　60, 85
学校心理　27
家庭環境　59
家庭裁判所　28
感　覚　194, 197
感覚運動的段階　96, 106
感覚記憶　158
感覚情報　151
環　境　57, 94, 206
環境閾値説　94
監獄実験　207
看護師　3
観　察　217
観察学習（モデリング）　85, 189
患者理解　3
感　情　10, 71
　——の高まり　78
　——の認知　71
　好き嫌いの——　77
感情心理学　10
記　憶　16, 158
　——の変容　161, 162
　虐待の——　162
記憶術　160
幾何学的錯視　153

聞き取り調査　→インタビュー
危険率（p）　223
気　質　49, 107, 110
記述統計学　221
基準関連妥当性　132
キティ・ジェノビーズ事件　82, 83
機能主義　201
基本的帰属錯誤　73
客観性　216
キャリア　121
キャリア・カウンセリング　121
ギャング・エイジ　115
教育心理学　4
教育相談　4
教育評価　4
強　化　182
　——の動因低減説　205
　正の——　183
　負の——　183, 185, 186
境界性（ボーダーライン）パーソナリ
　ティ障害　65
強化情動モデル　79
強化随伴性　183
強化スケジュール　187
共感性　81
教職課程　4
共通性　77
共通特性　54
恐　怖　35, 93
恐怖感　178
恐怖喚起コミュニケーション　76
恐怖症　27, 35
共有環境　60
近接性　77
具体的操作段階　96, 112

事項索引　　247

クライエント　39
グラウンデット・セオリー・アプロー
　　チ　228
グラフ　222
群　集　89
群集心理　89
経　験　168
経験主義　93, 195, 199
形式的操作段階　96
経時的研究　124
芸術療法　43
傾聴と受容のサイン　74
系統的観察　218
系統的誤差　219
ゲシュタルト心理学　98, 202, 204
血液型気質関連説　56
血液型性格判断　51, 56, 72, 132, 163
結　果　218
結晶性知能　13, 125
原　因　218
原因帰属　73
研　究　6
言　語　187
言語性知能　135
言語聴覚士　3
言語的教示　188
言語的コミュニケーション　74
言語的ルール　188
言語発達　96, 104
嫌　子　182
現　象　214
現地調査　220
好意の返報性　78
効果量　233
公共性　216

攻撃行動　81, 84
好　子　182
高次条件づけ　179
向社会的行動　80
構造方程式モデル（SEM）　225
行　動　168
　学習される――　174, 175
行動遺伝学　58, 211
行動科学　2
行動形成　36, 206
行動主義　35, 93, 202, 204, 206
行動主義宣言　205
行動心理学　17
行動生態学　171
行動療法　26, 29, 35, 93, 205, 206,
　208
公認心理師　6, 22, 210
広汎性発達障害　137
高齢者心理学　4
国際疾病分類　→ ICD
国際心理学会　210
心の理論　109
誤　差　219
個人差　48, 128
個人史　227
個人心理学　33, 203
個人的記録　227
個人特性　54
個人療法　29
個性記述型統計　226
骨相学　50, 132
古典的行動主義　205
古典的条件づけ　17, 35
コミュニケーション　74
　――の改善　3

◆さ 行

再現可能性　216, 229
再検査信頼性　131
サイコドラマ　→心理劇
再 生　160
再 認　161
最頻値　222
催 眠　34
催眠療法　34
作業記憶（ワーキングメモリ）　159
作業検査法　30, 141
錯誤帰属　79
錯 覚　15, 154
　　重さの――　155
サリー・アン課題　109
産業カウンセラー　5
散布図　222
サンプル・サイズ　223
シェーピング　189
シェマ　95
ジェンダー　114
歯科医師　3
歯科衛生士　3
視 覚　150
資 格　7
自我心理学　34
自我の構造　203
自我防衛機制　203
自 己　201
自己イメージ　61
自己開示　75
自己効力感　39
自己実現　40
自己中心性　95, 96
自己同一性（アイデンティティ）

　12, 34, 63, 98, 118, 204
　　――の確立　99, 118
自己理解　3
自 殺　120, 124
自然科学　196
自然観察　217
事前登録研究　234
実 験　218
実験群　218
実験計画法　219
実験心理学　198, 202, 208
実 証　214
実態調査　220
質的研究法　212, 226
質的データ　215
質的変数　215
質的方法　219
質問紙調査　220
質問紙法　30
質問紙法性格検査　139
児童研究運動　200
児童心理学　92
児童相談所　4
死人テスト　168
自閉症　27, 137
社会心理学　11, 70
社会ダーウィニズム　201
社会的学習　39, 114, 208
社会的強化（説）　81, 188
社会的嫌子　182
社会的好子　182
社会的行動　70
社会的動物　70
社会的認知　71
社会不安障害　37

事項索引　249

社会福祉士　4
社会文化的アプローチ　98
重回帰分析　224
集合心理学　201
従属変数　218
集　団　86
　　──の凝集性　86
集団圧力　86
縦断的研究　124
集団抑制　82
集団療法　29, 41, 44
重度知的障害者　27, 36
主題統覚検査（ＴＡＴ）　31, 143
出版バイアス　234
樹木画テスト　→バウムテスト
循環質　52
準拠集団　86
障　害　104
生涯発達心理学　92, 124
消　去　35, 205
　　オペラント条件づけの──　187
　　レスポンデント条件づけの──
　　180
状況依存性記憶　160
消去抵抗　187
条件刺激　177
条件づけ　35, 175
条件反射　176
条件反応　177
少数例の一般化　164
象徴的思考段階　106
少年院　28
少年鑑別所　5, 28
少年刑務所　44
少年非行　44

職業適性検査　5, 138
初　語　105
所属集団　86
人格　→パーソナリティ
人格障害　→パーソナリティ障害
進化心理学　70, 211
進化生物学　81
進化論　171, 200, 201
神経症　26, 35, 199, 203
新行動主義　35, 205
新生児　100
診断と統計のためのマニュアル　→
　　DSM
心的外傷後ストレス障害　→PTSD
新版Ｋ式発達検査　137
新フロイト派　34, 204
人文社会科学　215
信頼性　131, 143-145
心理学研究法　13, 214
心理学史　18, 194
心理学実験室　197
心理学者　6
心理学的アセスメント　128
心理学的概念　129
心理学的クリニック　202
心理学的尺度　131, 216
心理学的測定　131, 216
心理劇（サイコドラマ）　29, 41
心理検査　23, 28, 30
心理・社会的危機　99, 118
心理テスト　145
心理統計学　221
心理療法　26
親和欲求　78
推測統計学　221

随伴性　183
数量化　216
好き嫌い　178
　——の感情　77
スキナー箱　181, 185
スクールカウンセラー　44
スクールカウンセリング　43
鈴木ビネー知能検査　135
ステレオタイプ　72
ストレス　60, 124
ストレンジ・シチュエーション法
　107
スモールステップ　189
刷り込み　174
性　格　10, 48, 72
　——のアセスメント　54, 61, 130,
　139
　——の変化　61
性格学　49
性格検査　30, 51, 131, 139
性格心理学　10
性格特性　54
性格変容　64
成熟説　94
正常性バイアス　165
精神医学　31
成人期　122
精神病　23, 199
精神病質性格　50
精神物理学　196
精神分析　33, 99, 199, 202, 203, 206
精神保健福祉士　4
精神力動　60
生体と環境の相互作用　170
性同一性の確立　120

生得説　94
生得的行動　172, 175
青年期　12, 34, 60, 92, 118, 122
正の強化　183
正の罰　183
性別役割　122
性別ラベリング　114
生理心理学　17
生理的早産　100
責任の分散　82
説得的コミュニケーション　76
前概念的思考段階　106
宣言的記憶　159, 160
選好注視法　100
前操作的段階　96, 106
相関係数　222
相関分析　93
双極性障害（躁うつ病）　26, 31
相互作用説　94
操　作　218
操作的定義　129, 130
走　性　173
相貌学　50
相補性　77
即時強化　189
ソシオメトリー　29

◆た　行
第一次反抗期　111
大学院修士課程　6
大学院博士課程　6
対人魅力　77
態　度　76
態度変容　76
第二次性徴　118, 120

事項索引　251

代表値　222
タイプＡ性格　53
対面問答法　30
多重人格　63
妥当性　131, 141, 143-145
田中ビネー知能検査　135
タブラ・ラサ　58, 199
多変量解析　224
段階的説得　76
短期記憶　158
短期療法　34
知　覚　150, 194, 197
　　──の恒常性　157
知覚システム　152
知覚心理学　15
知　能　13, 60, 124
　　──のアセスメント　133
知能検査　28, 30, 128, 130, 131, 133,
　　199
知能指数（IQ）　134
中央値　222
中年期　92, 122
長期記憶　159
調　査　219
調　節　96
直観的思考段階　109
追　試　229
対提示　177
月の錯視　157
津守式乳幼児精神発達診断法　137
つり橋実験　78
定　位　173
適　応　48, 155
適合性　225
適　性　138

テストバッテリー　144
哲　学　194
手続き的記憶　159
投影法（検査）　31, 142
同　化　96
統計学　211
統計的有意　223
統合失調症　26, 31
統合的心理療法　29
動作性知能　135
洞察学習　98, 204
等至点　228
統制群　218
東大式エゴグラム（TEG）　140
同調行動　86
動物行動学（エソロジー）　171, 173
動物実験　170, 171
動物心理学　171
特性論　51, 53
特別支援　27, 36, 58, 130
独立変数　218
閉じた質問　75
友達関係　60

◆な　行
内観療法　44
内　言　98
内向型　52, 203
内的作業モデル　107
内的統制　81
喃　語　105
2語文　106
日本心理学会　209
乳幼児期　136
ニュールック心理学　208

人間性心理学　40, 206
人相学　132
認　知　150
　──のバイアス　163
　感情の──　71
認知行動療法　36, 208
認知症　137
認知心理学　15, 205, 208
認知的不協和　77, 207
認知発達段階　96
粘着質　52
年齢尺度　133
脳神経科学　211
能　力　121

◆は　行
媒介変数　205
バウムテスト（樹木画テスト）　30,
　31
パヴロフのイヌ　17, 176, 179, 180
パーソナリティ（人格）　49
パーソナリティ障害（人格障害）　65
パーソナリティ心理学　51
罰　182
　正の──　183
　負の──　184
発　達　92
　──のアセスメント　136
　──の最近接領域　98, 121
発達課題　99, 118
発達検査　137
発達障害　109, 136, 137
発達心理学　4, 12, 92
発達臨床　27
パニック　90

バランス理論　11, 207
一般　化　79, 179
反抗期　111
犯罪心理学　5
反　射　173
反社会性パーソナリティ障害　65
反社会的行動　80
汎性欲説　203
比較認知科学　171
光受容細胞　151
非共有環境　60
非系統的誤差　219
非言語的コミュニケーション　74
非　行　27
非行臨床　28, 44
ヒステリー　33, 203
ビッグデータ　212
ビッグファイブ　55, 224
必須通過点　228
筆跡学　50
一目ぼれ　79
ビネ型知能検査　133
標準偏差　222
表　情　71
評定法　30
標　本　223
開いた質問　75
比　率　221
頻　度　221
不　安　78
不安障害　26
フェヒナーの法則　196
服　従　87
複線径路等至性モデル（TEM）　228
輻輳説　94

事項索引　253

不適応児　23
不登校　27
負の強化　183, 185, 186
負の罰　184
部分強化　187
プレイセラピー（遊戯療法）　43
文化心理学　122, 201
分　散　222
分散分析法　219
文章完成法検査　143
分析心理学　33, 203
文　脈　227
分裂質　52
平均値　222
ベイズ統計　225
ベテラン・バイアス　165
偏差知能指数（DIQ）　135
弁　別　179
　　オペラント条件づけの──　185
弁別刺激　185
傍観者効果　82
忘　却　161
法則定立型研究　226
法と心理学　15
法務技官　5
母子関係　103
ポジティブ心理学　46
母集団　223
母性的養育　102
保存概念　112
保存概念成立のデカラージュ現象
　112
保存課題　95, 109, 112
ポンゾ錯視　153, 154
本能説　81

本能的行動　173

◆ま　行

マザリーズ　105
マッチング効果　77
3つ山課題　95, 109
ミネソタ多面的人格目録（MMPI）
　30, 140
ミュラー＝リヤー錯視　154, 155
民族心理学　198, 201
無意識　33, 50, 203
無条件刺激　177
無条件反応　177
面接調査　224
メンタルヘルス　124
目撃証言　15, 162
モーズレイ人格目録（MPI）　30
モデリング　→観察学習
モード性格　63
モラトリアム　120
モリヌークス問題　195

◆や　行

薬物療法　26
役割交換書簡法　44
矢田部＝ギルフォード性格検査　→
　YG性格検査
遊戯療法　→プレイセラピー
優生劣廃学　58, 93
幼児期　109
要素主義　202
予測妥当性　132
欲　求　40
　　──の階層理論（モデル）　40, 206
欲求不満　60, 84

四体液説　　50

◆ら　行

ライフサイクル　　99
ランダム・サンプリング　　223
理学療法士　　3
理性主義　　93, 195
理想自己　　61
リーダーシップ　　87
　　——の PM 理論　　87
リビドー　　203
流　言　　89, 90
流動性知能　　13, 125
量的データ　　215
量的変数　　215
量的方法　　227
リリーサー　　→解発刺激
臨　床　　23
臨床心理　　2, 6
臨床心理学　　7, 9, 22
臨床心理士　　6, 210
倫　理　　17
類型論　　51, 203
ルール支配行動　　188
レジスタード・レポーツ　　235
レスポンデント行動　　35, 174, 205
レスポンデント条件づけ　　79, 175,
　　176
　　——の消去　　180
恋愛関係　　119
恋愛感情　　80
連　合　　177
　　——の学習　　177
老年期　　13, 92, 124, 137
ロールシャッハ・テスト　　30, 31, 142

ロールプレイ　　29, 38, 41

◆わ　行

ワーキングメモリ　　→作業記憶
割引原理　　73
割増原理　　73

◆アルファベット

AI（人工知能）　　6
DIQ　　→偏差知能指数
DSM（診断と統計のためのマニュア
　　ル）　　31, 32
FFP　　231
HARKing　　233
HDS-R　　→改訂長谷川式簡易知能評
　　価スケール
ICD（国際疾病分類）　　31, 32
IQ　　→知能指数
KJ 法　　227
MMPI　　→ミネソタ多面的人格目録
MPI　　→モーズレイ人格目録
p-ハッキング　　232
P-F スタディ　　143
PTSD（心的外傷後ストレス障害）
　　26, 179
QRPs　　→疑わしい研究実践
SEM　　→構造方程式モデル
SPI 2　　138
TAT　　→主題統覚検査
TEG　　→東大式エゴグラム
TEM　　→複線径路等至性モデル
WAIS　　135
WISC　　135
YG（矢田部＝ギルフォード）性格検
　　査　　140

事項索引　　255

人名索引

◆あ行

アイゼンク（H. J. Eysenck）　30,
　206
アッシュ（S. E. Asch）　86, 215
アドラー（A. Adler）　33, 203
荒木剛　117
アリストテレス　92
インヘルダー（B. Inhelder）　95
ヴァイラント（G. E. Vaillant）　122
ヴィゴツキー（L. S. Vygotsky）　96,
　98, 121, 200
ウィトマー（L. Witmer）　23, 202
ウェクスラー（D. Wechsler）　135
ウェーバー（E. H. Weber）　196
ウェルトハイマー（M. Wertheimer）
　204
ヴント（W. M. Wundt）　196, 197,
　201, 202, 204, 214
エインズワース（M. D. S. Ainsworth）
　107
エリクソン，エリック（E. H.
　Erikson）　34, 98, 99, 118, 122,
　204
エリクソン，ミルトン（M. H.
　Erickson）　34
岡本夏木　105
オールポート（G. W. Allport）　49,
　50, 54, 227

◆か行

ガレノス　50

ギブソン（J. J. Gibson）　156
キャッテル（R. B. Cattell）　124
清永賢二　117
クレッチマー（E. Kretschmer）　52,
　61
クレペリン（E. Kraepelin）　31,
　141
クロア（G. L. Clore）　79
ゲゼル（A. L. Gesell）　94
ケーラー（W. Köhler）　98, 204
コッホ（K. Koch）　31
ゴルトン（F. Galton）　50, 93, 128,
　129

◆さ行

サリヴァン（H. S. Sulivan）　34
シェイヴァー（P. Shaver）　120
ジェームズ（W. James）　201
シェルドン（W. H. Sheldon）　52
ジェンセン（A. R. Jensen）　94
シャルコー（J.-M. Charcot）　34,
　199
シュテルン（W. Stern）　94, 105
ジンバルドー（P. G. Zimbardo）
　207
スキナー（B. F. Skinner）　27, 35,
　181, 205, 206
鈴木伸一　37
スタペル（D. Stapel）　231
セリエ（H. Selye）　124

◆た 行

ダーウィン（C. Darwin）　71, 93, 200, 201
ダットン（D. G. Dutton）　78
ダーリー（J. M. Darley）　82
ティチナー（E. B. Titchener）　202
テオフラストス　50
トマス（A. Thomas）　110, 111
トールマン（E. C. Tolman）　205

◆な 行

ニュートン（I. Newton）　210
能見正比古　56

◆は 行

ハイダー（F. Heider）　207
パヴロフ（I. P. Pavlov）　17, 35, 176, 177, 205
バス（A. H. Buss）　107
バート（C. Burt）　231
ハリス（F. R. Harris）　60
ハル（C. L. Hull）　205
バルテス（P. B. Baltes）　92, 125, 126
ハルトマン（H. Hartmann）　34
ハーロー（H. F. Harlow）　103
バーン（D. Byrne）　79
バンデューラ（A. Bandura）　39, 114, 189, 208
ピアジェ（J. Piaget）　95, 96, 106, 109, 112, 200
ビネ（A. Binet）　30, 128-130, 133, 199
ピネル（P. Pinel）　199
ヒポクラテス　50

ファンツ（R. L. Fantz）　100
フェスティンガー（L. Festinger）　207
フェヒナー（G. T. Fechner）　196
深谷和子　117
深谷昌志　117
福来友吉　18, 209, 230
プラトン　93
フリードマン（M. Friedman）　53
古川竹二　56
ブルーナー（J. S. Bruner）　208
ブロイアー（J. Breuer）　199
フロイト，アンナ（A. Freud）　34, 98
フロイト，ジークムント（S. Freud）　33, 34, 39, 50, 199, 203, 204
プロミン（R. Plomin）　107
フロム（E. Fromm）　34
ヘイザン（C. Hazan）　120
ベック（A. T. Beck）　36
ベム（D. Bem）　229, 230
ボウルビー（J. Bowlby）　34, 102, 107
ホフマン（L. Hoffman）　42
ホール（G. S. Hall）　200, 208
ポルトマン（A. Portmann）　100
ホーン（J. L. Horn）　124

◆ま 行

マズロー（A. H. Maslow）　40, 41, 206
松本佳久子　44
松本亦太郎　209
マレー（H. A. Murray）　31
三隅二不二　87

人名索引　257

ミッシェル（W. Mischel）　62
ミラー（G. A. Miller）　208
ミルグラム（S. Milgram）　88, 207
無藤隆　224
孟子　81
元良勇次郎　208
森田洋司　117
モレノ（J. L. Moreno）　29, 41

◆や　行
山本五十六　190
ユング（C. G. Jung）　33, 52, 203

◆ら　行
ラタネ（B. Latané）　82

リー（J. A. Lee）　119
リチー（S. J. Ritchie）　230
ルソー（J.-J. Rousseau）　200
レイナー（R. Reyner）　35
レヴィン（K. Lewin）　204
ロジャーズ（C. R. Rogers）　27, 39,
　206, 207
ロック（J. Locke）　199, 200
ロフタス（E. F. Loftus）　162
ロールシャッハ（H. Rorschach）
　142

◆わ　行
ワトソン（J. B. Watson）　35, 93,
　202, 204, 206

●著者紹介

サトウタツヤ（佐藤 達哉）
　立命館大学教授

渡邊 芳之（わたなべ よしゆき）
　帯広畜産大学教授／附属図書館長

心理学・入門〔改訂版〕
——心理学はこんなに面白い
Introduction to Psychology:
Psychology is so Interesting, 2nd ed.

有斐閣アルマ

2011年4月10日　初　版第 1 刷発行
2019年9月25日　改訂版第 1 刷発行
2025年1月30日　改訂版第13刷発行

著　者	サトウタツヤ 渡　邊　芳　之
発行者	江　草　貞　治
発行所	株式会社 有　斐　閣

郵便番号 101-0051
東京都千代田区神田神保町 2-17
https://www.yuhikaku.co.jp/

印刷・株式会社精興社／製本・牧製本印刷株式会社
© 2019, Tatsuya Sato, Yoshiyuki Watanabe. Printed in Japan
落丁・乱丁本はお取替えいたします。
★定価はカバーに表示してあります。
ISBN 978-4-641-22138-3

JCOPY　本書の無断複写（コピー）は、著作権法上での例外を除き、禁じられています。複写される場合は、そのつど事前に(一社)出版者著作権管理機構（電話03-5244-5088, FAX03-5244-5089, e-mail:info@jcopy.or.jp）の許諾を得てください。